U0456165

何以为帝

雍正继位新探

冯尔康 —— 著

民主与建设出版社
·北京·

图书在版编目（CIP）数据

何以为帝：雍正继位新探 / 冯尔康著. -- 北京：民主与建设出版社，2025. 7. -- ISBN 978-7-5139-4951-4

Ⅰ. K827=49

中国国家版本馆 CIP 数据核字第 2025K5F887 号

何以为帝：雍正继位新探
HEYI WEIDI：YONGZHENG JIWEI XINTAN

著　　者	冯尔康	
责任编辑	刘　芳	
出版发行	民主与建设出版社有限责任公司	
电　　话	（010）59417749　59419778	
地　　址	北京市朝阳区宏泰东街远洋万和南区伍号公馆 4 层	
邮　　编	100102	
印　　刷	艺堂印刷（天津）有限公司	
版　　次	2025 年 7 月第 1 版	
印　　次	2025 年 7 月第 1 次印刷	
开　　本	880 毫米 × 1230 毫米　1 / 32	
印　　张	7.25	
字　　数	150 千字	
书　　号	ISBN 978-7-5139-4951-4	
定　　价	68.00 元	

注：如有印、装质量问题，请与出版社联系。

目　录

　　雍正是怎样继承康熙储位——皇位的，在他生前以及后世，都是众说纷纭、疑点重重，使它与"太后下嫁""顺治出家"一起成为清朝前期宫廷三大疑案。不过人们关于它的传说和研究，要比另两个疑案来得多，以致史家都足以把它写成专著，更不必说我这样的小册子了。

　　康熙传位、雍正嗣统，对于这两个君主和两朝政治都是极为重大的事情，因此有必要先交代它们与本课题有关的历史。康熙生于顺治十一年（1654年）正月，名玄烨，是顺治帝的第三个儿子，八岁时，在其祖母孝庄文皇后扶掖下，于顺治十八年（1661年）继位，年号康熙，于康熙十四年（1675年）立嫡长子允礽①为皇太

---

① 康熙皇子的命名，第一字为胤，第二字从示字旁，雍正继位后为避其名讳，将众兄弟的"胤"字，一律改为"允"字（唯恩准十三弟胤祥用原字），故胤礽书作允礽，其他皇子之书名亦准此例。

子，十六年（1677年）生第三子允祉，次年（1678年）十月生第四子胤禛，二十七年（1688年）生第十四子允禵（又名允祯），五十七年（1718年）封允禵为王、抚远大将军，出征西北。康熙四十七年（1708年）允礽被废黜，自此以往，康熙为接班人问题无限烦恼，直到六十一年（1722年）十一月离开尘寰，是年六十九岁，谥号仁皇帝，庙号圣祖，葬于清东陵（河北遵化），陵墓名景陵。

胤禛于康熙三十七年（1698年）受封为贝勒，而其时仅大他一岁的允祉受封为郡王，比他小一岁的皇五子允祺、小三岁的皇八子允禩亦封贝勒。胤禛之所以不能封王，系因康熙认为他"为人轻率"。康熙四十八年（1709年），胤禛受封为雍亲王，后于康熙宾天当日即位，改年号为雍正。取此年号可能是因其由雍亲王正位，如同李渊建立王朝，因其为北周的唐国公，而定国号名为唐朝，当然，也可能还有表示自己（雍亲王）得位正当的含义。在位十三年，1735年八月故世，是年五十八岁，谥号宪皇帝，庙号世宗，葬于清西陵（今河北易县），陵墓名泰陵。

雍正继位疑案，学术界见解分歧，大致可以归类为三种看法。一是篡位说，认为康熙原本要把皇位传给十四子允禵，雍正做手脚改了遗诏，篡夺了皇位；二是合法继位说，认为康熙原本就选中了雍正，他的继位是符合康熙本意的；第三种是自立说，即雍正既未改诏，康熙也没有选中他，他是乘康熙驾崩之机，自立为帝的。雍正继位的谜团，问题就在于权力交接之际的情况不明，也在于找不到康熙钦定的传嗣文书，哪一种观点也不能说服对方，不过我是相信第二种说法的。由于资料缺乏，要想解开继位之谜，就不能只纠缠于康熙弥留之际的授受问题上，而应当把注意力拓展到康熙朝废立太子和储位之争的全过程，以及这种争斗在雍正前期的变相表现和影响。这就是我主张的研究方法。

我在这里给自己规定的任务，是要剖析雍正继位之谜及储位斗争的影响，即要爬梳有关的各种原始资料和各派学术观点，对雍正继位作一个系统性说明，对各种观点作必要的讨论，从而对解开这一谜案有所贡献。同时雍正继位真相的揭露，关系着康雍两朝人物、事件、制度的准确解读，是清史研究的重要课题，有鉴于此，我才有兴趣进行这一工作。希望通过此项研究，对康熙、雍正两朝的历史有所解说，这也是本书的另一写作任务。

在写作方法上我力图注意四点：第一，依据对继位疑案作系统研究和准确说明的要求，按照雍正继位的时间顺序，安排全书结构，对与继位有关的相关事情作出有内部联系的交代。第二，以阐述我对继位问题的观点为主体，旁及各家见解，而不是从各家观点出发，加以罗列介绍，避免使本书成为继位疑案的讨论综述。第三，本书先交代关于继位的最主要的原始资料、关于继位疑案研究的进程情况，以帮助读者消除认识继位之谜问题的疑难点，从而克服障碍，和我一道向揭示谜底方向努力。第四，基于通俗易懂的要求，避免烦琐的考证给读者增添阅览的麻烦，在行文的技术处理上尽量做到少引历史资料的原文和各家研究的文字，对于所引用的也不注出处，以节省篇幅。为了弥补不作资料来源注释的缺憾，本书特制原始资料文献、今日研究著述目录五种，作为附录，供有兴趣的读者参考。

（二）

三种继位异说

篡位说

雍正于七年（1729年）把曾静案审讯的官方文件和他的相关上谕汇编成《大义觉迷录》一书，颁布天下学宫，强令士子阅读。这是关于雍正篡位的最早的官方记录。书中尽数列举了当时民间关于雍正篡位的传言：

圣祖皇帝原传十四阿哥允禵天下，皇上将"十"字改为"于"字。先帝欲将大统传于允禵，圣祖不豫时，降旨召允禵来京，其旨为隆科多所隐，先帝殡天之日，允禵不到，隆科多传旨遂立当今。圣祖皇帝在畅春园病重，皇上就进一碗人参汤，不知如何，圣祖皇帝就崩了驾，皇上就登了位。随后将允禵调回囚禁。太后要见允禵，皇上大怒，太后撞铁柱而死。

这里讲的谣言涉及雍正谋害父亲、逼死母亲、篡改遗诏，中心意思是斥责他篡夺皇位，雍正对这些指控的辩解是：

康熙六十一年十一月冬至之前，朕奉皇考之命，代祀南郊。时皇考圣躬不豫，静摄于畅春园……至十三日皇考召朕于斋所。朕未至畅春园之先，皇考命诚亲王允祉、淳亲王允祐、阿其那（即允禩）、塞思黑（即允禟）、允裪、允䄉、怡亲王允祥、原任理藩院尚书隆科多至御榻前，谕曰："雍亲王皇四子胤禛人品贵重，深肖朕躬，必能克承大统，著继朕登基，即皇帝位。"是时，恒亲王允祺以冬至命往孝东陵行礼，未在京师。庆亲王允禄、果亲王允礼、贝子允䄔、贝子允祎俱在寝宫外祗候。又朕驰至问安，皇考告以症候日增之故，朕含泪劝慰。其夜戌时，龙驭上宾。朕哀恸号呼，实不欲生，隆科多乃述皇考遗诏。

雍正九年（1731年）修纂的《清圣祖实录》和乾隆六年（1741年）完稿的《清世宗实录》，关于雍正的继位，都是参照《大义觉迷录》的这一段文字写成的。

雍正原以为经过大力辟谣可以消弭关于他"篡位"的传言，谁知这反倒给自己留下了话柄。他的儿子乾隆继位后认为这是一种失策，遂把《大义觉迷录》宣布为禁书，从各府州县学收缴销毁。然而，这一通操作下来，人们对雍正的篡位传言更加好奇，流传不止。与雍正消灭谣言的愿望相悖，《大义觉迷录》成为明确记载篡位的唯一原始文献。如果没有这本书，我想不会出现后来继位之谜的热烈争论。这正如陈熙远《皇帝的最后一道命令——清代遗诏制作、皇权继承与历史书写》文中所说："即使雍正苦心孤诣地动员所有的力量，试图定调关于其奉天承运的历史记忆，但是最初颁布中外的康熙遗诏既无法为他的正当性背书，后来在各地宣讲的《大义觉迷录》也不能杜芸芸众生悠悠之口。"

在很长时间里，人们热衷传播雍正篡位故事，越往后传说情节越丰富，20世纪初出版的燕北老人的《满清十三朝宫闱秘史》，说雍正少小无赖、游荡江湖、结交剑客，在康熙弥留之际潜回宫中，偷改遗诏登基。同时期问世的蔡东藩《清史演义》，说康熙病危时见隆科多，已说不出完整的话，要召回十四阿哥，隆科多遂矫诏传位四阿哥，而等康熙见到诸皇子时已无法表态了。看来，雍正继位问题虽然已过了二百年，人们还只是醉心于相关奇闻趣事，多取材野史笔记、历史演义予以著录，并没有进行学术性的研究。20世纪20年代出版、后来享有盛誉的萧一山所著《清代通史》，对上述野史笔记中的篡位资料不加分析地予以转录，表明到这时清史专家也没有对继位之谜作学术研讨。

1935年孟森发表论文《清世宗入承大统考实》，以翔实资料和严密分析，得出雍正实系篡位的观点：没有康熙召见皇子和隆科多宣布继位遗诏的事，这是雍正捏造的企图说明其继位合法的谎言；雍正害死康熙后篡位，诸兄弟不服，才又迫害允禵、允禟等人，而允祉无意于政治，也被忌恨遭到囚禁；康熙要传位于允禵，雍正用川陕总督年羹尧钳制他，雍正后来诛杀年羹尧、隆科多就是怕他们暴露夺位的秘密。这篇文章是雍正篡位说的奠基作，也是这一传说由传说、演义发展成为学术研究课题的标志。

20世纪四五十年代之交，王锺翰撰《清世宗夺嫡考实》和

《胤祯西征纪实》二文，发掘新文献和档案史料，在孟氏研究基础上，以允禵西征的史实进一步说明康熙属意这个儿子，把篡位说研究推进一步。70年代后期有学者发表《从"胤禵"问题看清世宗夺位》《胤祯：一个帝梦成空的皇子》《胤禛，非清世宗本来名讳的探讨》等文，和王氏一样，在允禵问题上大做文章，认为雍正原来不叫胤禛，为篡位夺了他弟弟胤祯的名字，将康熙遗诏"皇位传十四子胤祯"改易为"皇位传于四子胤禛"，因而形成雍正的盗名改诏说。80年代许曾重著文《清世宗胤禛继承皇位问题新探》，除了批评雍正合法继位说的论点，也是从允禵身上立论，认为他是康熙预定的皇储，父皇为了培养他，把他派到西北统兵作战，给他建立功业和树立社会威望的机会，以便承袭皇位，这是安排储位的一着妙棋，可惜事态发展违背其意志，而使皇位落入雍正的手中。

篡位说的主张者还有陈捷先，著有《清世宗继统与年羹尧之关系》。黄培也有《清世宗与年羹尧之关系》《清代雍正时期的皇位继承》《史料、史学和雍正帝的即位疑案》等文及《雍正时代的独裁政治》一书行世，我能读到的黄氏论著不多，从读过的及他人介绍的情况看，黄氏对嗣位看法似有所变化，仅就《清世宗与年羹尧的关系》一文而言，主张篡夺说，认为雍正并非康熙临终指定的继承人，以权术及武力而得位。戴逸主编的《简明清史》也对雍正合法继位说质疑，有趣的是作者认为雍正建圆明园而不居住康熙的畅春园，不去父皇秋狝的热河，把自己的陵墓建在远离乃父遵化寝陵的易县，如此惧怕乃父亡灵，是他心中有鬼，此实系篡位的一种旁证。

80年代后期以来，杨珍先后发表《康熙晚年的秘密建储计划》《隆科多事迹初探》等论文，特别是2001年撰成《清朝皇位继承制度》一书，阐述雍正篡夺允禵帝位的观点。她发掘满文档案资料，发现康熙对允禵特别宠爱，并寄予厚望，暗中已经将他定为皇位继承人；她相信康熙已经有了秘密立储的方针和实施计划，未来要让允禵当皇帝，而允禩等人则是允禵的重要臂膀。2004年金恒源撰文《雍正帝篡位说新证》，2005年出版著作《正本清源说雍正》，重新解读继位史料，认为雍正是篡夺允禵皇位，如认为康熙说要把皇位传给"坚固可托之人"，不是指雍正，而是指允禵，康熙指派雍正代行祭天礼，用意在把他支开，令其反省。

合法继位说

比起篡位说，合法继位说到70年代末才有像样的研究成果出现，但自此发展较快，有影响的论著相继面世。1979年吴秀良撰著《通往权力之路——康熙和他的继承人》（中译本名为《康熙朝储位斗争记实》）一书，从康熙继位一直谈到雍正承嗣，提出以康熙重视孝道作为判断他选择继承人的线索，认为允礽因不仁不孝而见废，允祉、允禩皆以不孝而不中康熙心意，唯独雍正因为诚孝而被选中。我在1981年发表《康熙朝的储位之争和胤禛的胜利》，紧接着撰成《康熙十四子胤禵改名考释》《清世宗本叫胤禛，并未盗名》《曾静投书案与吕留良文字狱述论》等文和《雍正传》一书，我的中心思想是把雍正继位的问题放在整个康熙后期和雍正前期的政治斗争中来考察，从康熙对雍正的一贯态度，以及与对其他皇子态度的比较中，认为康熙最终选择了胤禛，并以这个观点为准星，说明年羹尧、隆科多、阿其那、塞思黑诸狱产生的原因和性质，说明曾静大狱和《大义觉迷录》是雍正在巩固政权成功之后，为了争取社会舆论而采取的手段。1981年，杨启樵出版《雍正帝及其密折制度研究》一书，此后写出《"雍正篡位"再论》等文，与篡位说的孟森、王锺翰、金承艺诸氏一一辩论，赞扬雍正的优点和政治能力，相信康熙传位于他的史料，把年羹尧、隆科多被戕归咎于雍正密折制度被他们破坏，而不是什么杀人灭口的阴谋论。杨启樵还在《明清史抉奥》一书中考察方士与康熙朝储位争斗的关系，使讨论别开生面。李宪庆和白新良作《康、雍之际继嗣制度的演变》一文，认为康熙二次废太子后不再立储，意在完善建储制度，后来雍正将之概括为秘密立储法，两朝思想一致，倒反映了雍正确实是康熙指定的继嗣。史松发表《康熙朝皇位继承斗争和雍正继位》一文，与前述许曾重一样，说康熙派允禵出征是一步妙棋，不过他们的意见相左，史松认为这是分割允禩党人，不令允禵在京捣乱，而把帝位顺利传给雍正。

90年代以来篡位说深入开展之时，合法继位说的研究陷于沉寂状态，唯有杨启樵著《揭开雍正皇帝隐秘的面纱》（2000年），提出康熙瞩望雍正继统，而让允禵辅弼，则康熙同时重视胤禛、允禵二人并非矛盾之举，后世研究者不必误解。

自立说

雍正继位疑案，一般人认为只有篡夺与合法两说，我认为还有一个自立说，虽然关于它的文章甚少，观点不那么鲜明，论证不那么清晰，但它不同于前述二说，已有了完整的论点。庄吉发著有《清世宗拘禁十四阿哥允禵始末》《清世宗入承大统与皇十四子更名考释》等文和《清世宗与赋役制度的改革》专著，认为康熙从无传位雍正的意思，允禵是被人看作皇储的最佳人选，在允禵出征及其争储活动失败情况下，雍正渔翁得利，于康熙驾崩时捷足先登，"入承了大统"，无所谓矫诏篡位，庄氏虽未明言雍正自立，其意已可见一斑。庄氏讨论中引述后藤末雄《乾隆帝传》的意见："当康熙帝临终时，本想传位给十四皇子，可是那时他远在鞑靼内地，假如把他叫回北京再宣布传位诏书，在这空位阶段势必发生皇位的纠纷，不得已只好传位给四皇子胤禛了。"庄氏批评这是调和说，似属臆测之词。不过是否从中受到启发，得出自立说的观点呢？我也作了这样的臆测，不敢自信符合于庄氏之意。杨珍发表的《关于康熙朝储位之争及雍正继位的几个问题》，认为康熙要在允祉、雍正、允禵三人中选择一人，但犹豫不定，生病暴亡，没能指定继承人，雍正与隆科多勾结，假造遗诏而登极，允禩等因此不服，从而遭到迫害。杨氏不取改诏说，使自立继位成为一种说法，比庄氏的看法明确了。但是我要特别说明，如同前面所介绍的，杨珍属于篡夺说论者，这里又述及她的雍正自立观点，表明篡夺说与自立说是相通的，都认为雍正得位不正。

2002年，台北"中研院"历史语言研究所文物陈列馆重新开馆，展出满文本康熙遗诏，2004年北京中国第一历史档案馆举办"中国档案文献遗产珍品展"，展出了包括康熙遗诏在内的档案文书。一时间雍正继位之谜闹得沸沸扬扬，报刊、网上文章纷呈，有据遗诏认为"清朝雍正皇帝确实是康熙临终前钦定的真命天子"，即雍正是合法继承的；有说遗诏是雍正假造的，更证明他是夺位的。历史语言研究所负责"内阁大库档案"展区的陈熙远于2004年认为，历来的遗诏很难有皇帝的亲笔，因此康熙遗诏既不能说明雍正合法继位，也不表明其就是篡位的，他表示："现存所有康熙遗诏的原件永远都无法解答雍正究竟是'奉天'还是'承运'。"而所谓"奉天"，指"得到康熙遗命的钦点"，"承运"指"利用康熙仓卒之际因势利导而夺权"。就此玩味，陈熙远对雍正登基似有自行而立的见解。从网上看，自立说未见有论证，然依此认识雍正继位及雍正朝史者不少。

以上篡位、合法、自立三说之中，篡位说出现最早，影响也最大，在文学艺术领域表现最明显。1980年，端木蕻良推出长篇小说《曹雪芹》的上卷，将查抄江宁织造曹家视为雍正篡位及其迫害政敌的产物，以此为一个线索描写曹雪芹的故事。第一章《畅春园康熙宴驾 内寝殿允禛夺宫》，写隆科多拒不遵旨宣召十四阿哥，而雍正早在寝宫布置了三千名和尚，作为武装策应。所描述的康熙弥留之际受隆科多控制的情态，构思细密、想象丰富。第三章《八阿哥飞骑传佩剑》，叙述允禩等痛恨雍正篡逆，向前朝旧人曹家透露消息。书中还写了雍正精于剑术及与佛家的关系，雍正与曹家姻亲平郡王纳尔苏、福彭的关系，苏州织造李（煦）家、杭州织造孙（文成）家和曹家"六亲同运"的被抄故事，以艺术形式传播了篡位说。1984年张大春发表历史小说《雍正的第一滴血》，也是以改诏篡位，屠戮兄弟、功臣为故事情节。

在《红楼梦》的研究中，一些著名的红学家多采取雍正篡位说评论这部不朽之作的写作背景和它的作者家世，如有人认为雍正是阴谋家、篡位者，迫害政敌之外，广肆株连，曹頫、李煦二家均被罗织而遭殃。允禵是"康熙帝所欲传位而受雍正迫害"的人，因此他的孙子永忠才会大为欣赏《红楼梦》。有人说雍正害死康熙，继位后"治死和囚禁了和他进行争权斗争或者牵连到政争中去的手足兄弟，而且杀害和放逐了大臣奴才中的一切附庸于政敌的党羽，包括他父亲玄烨的亲信奴才们，也都成了他鱼肉和扫荡的对象"。在电影戏剧中，以雍正为题材的，也多把他塑造成篡位的暴君，如京剧《三探圆明园》，以其篡位、屠弟、大兴文字狱为背景，引起正直朝臣和江湖义士的不满，产生吕四娘三次刺杀雍正的故事。31集电视连续剧《雍正皇帝》亦复如此，唯1999年初放映的44集电视连续剧《雍正王朝》，一改雍正的形象，认为他是合法继承的。

篡位说，对于史学界也有不小的影响，有的史学工作者似乎对雍正继位史没有研究，坚信篡位一说，以此作为论述有关史事的准则。如有人评价被雍正惩治的言官谢济世，讲到原因时，只谈雍正以阴谋上台，宠任亲信，排斥异己，故而打击谢济世。有学者讲到允禵在西北用兵，说他是"皇太子允禵"。至于"评法批儒"时，因为康熙被定性为执行法家路线的君主，雍正既是篡权上台的，所以他就成为崇儒反法、实行复辟路线的代表。这种评论，几乎形成了一个公式：雍正篡位＝雍正暴政。至于是否真的暴虐，这"暴政"是否由篡位而来，全然不必分析，套用就行了。

　　篡位说不仅影响对康熙、雍正两位皇帝的历史评价，给其他时期历史的研究也带来了一些问题，《从皇帝到公民》一书在"养心殿风波"一节中，写溥仪、溥杰兄弟在养心殿西暖阁玩耍，在一个匾额后面发现一卷纸，原来是康熙亲自写的传位十四子的遗书，两兄弟这下明白了雍正篡位丑事是真的，很害怕，还是皇帝溥仪聪明过人，把纸卷藏回原处，命令溥杰不得外传，弟弟赌咒发誓后，兄弟俩紧张的心情才慢慢平静下来。薛瑞禄就此事致书并面见溥杰，溥杰经过回忆，回信并面谈，说他们看到的不是康熙遗诏，而是雍正杀害兄弟的密诏，乾隆把它放在佛龛后面，大概是为其父赎罪和忏悔，薛瑞禄认为溥杰所说与史料吻合，相信他的说法是真实的。《从皇帝到公民》一书何以会那样绘声绘色地描写溥仪兄弟讲述雍正篡改遗诏呢，就因为这是来自溥仪、溥杰兄弟的回忆？可是溥杰已经明确否认，很可能作者心中已经预设立场，或者是溥仪提到过这件事，而对雍正杀害兄弟并不太清楚，就把它写成雍正改诏了。这一记载不仅给雍正继位疑案增添枝叶，也给末代皇帝史的研究带来麻烦：跟他有关的其他史事的记载，是否也要来一番考订才能相信呢？

雍正继位三说的争论史，向我们提供了这一疑案研究的一些共同点和趋向。它与过去的传说、演义不同，也与孟森氏立说时不同，研究者对嗣位之谜的解决，不仅注意康熙弥留之际的权力交接问题，而且把它放到康（后期）雍（前期）两朝政治斗争中来考察，不但线索扩大了，解决问题的可能性也增加了；研究范畴也不是无限扩张，而是在扩大之后的集中，如经过分析讨论之后，排除了允祀、允禵等人的继位可能性，而把争储的焦点对准允禵和胤禛，关于允祉储位可能性的争议或许会有所发展，估计不会改变允禵、胤禛同胞对垒的结论。嗣位疑案中的一些事情和说法在各派研究者中取得了一致和接近的意见：雍正继位后的政绩，各种观点多是予以肯定，虽然还有程度的不同；储位之争对于康熙本人及其后期政治的不良影响，研究者之间的看法基本一致；雍正对其继位辩解太多，不同观点的研究者皆从中看出问题，作出批评；继位疑案的研究意义，不囿于合法与否的传统道德法统，而着眼于对社会的影响，这是研究者的共同愿望；康熙"二废太子"后，不再策立东宫，使储位久虚，这一事实为各派共同认识；因此诸皇子之间的斗争，不再是夺嫡，而是争储，使储位虚悬后的争斗性质得以明确；对于改"十"字为"于"字的传说，多认为是凭空捏造、不足为据，虽然还有人认为这是"查无实据，事出有因"，篡位说不能因之取消；雍正在争储过程中，大搞隐蔽活动，善于伪装和玩弄权术，有利于他达成目的；等等。我在下面的叙述中，会充分利用这些共同的和接近的观点，以便能把疑案解剖得清晰一点，向解决问题前进一步。

雍正帝画像

（三）

争夺储位的角逐

在康熙的最后二十年统治中，由二废太子和东宫无人而产生的储位斗争，依照时间发展顺序，我们可勾勒出以下画面：康熙四十二年（1703年）惩治索额图及其党羽，警告皇太子允礽；四十七年九月废黜皇太子允礽，诸皇子开始竞争储位，十一月大阿哥允禔首先失败被圈禁；十三阿哥允祥失宠；八阿哥允禩伙同九阿哥允禟、十四阿哥允禵活动最力，朝臣公举允禩为储君，然而被康熙否定；雍正以四方讨好的态度，周旋于皇帝、诸兄弟之间；次年三月康熙再以允礽为储贰，并封诸子为亲王、郡王、贝子，希望大家和衷共济，然而允礽仍令康熙失望，于五十一年（1712年）十月再次被废囚禁；允禟、胤禛、允禩、允禟随之掀起激烈的储位争夺战，允祉于五十二年（1713年）衔命开蒙养斋馆修书，起步似比诸兄弟更为优越，但五十六年（1717年）春天，他的属人孟光祖一案使他声望下降；允禩继续争储，康熙对他极端厌恶，宣布父子之情已绝；五十六年胤禛夺储的目标、手段进一步纲领化，到康熙末年参与朝政的程度不浅；这一年冬天，朝臣因康熙生病请求册立皇太子，康熙乃颁布遗言，但又不明确储君人选；因为在西北对厄鲁特蒙古人用兵，允禵于五十七年被任命为大将军王，威望日重，被部分朝臣认为是未来的储君；允禩虽不受父皇待见，然未死心，且不断有朝臣推荐他，以至康熙于登极六十年大庆时发配那些不知趣的人去充军。在整个过程中，诸皇子结党不辍，人员组合也有变化，各集团地位浮沉不一。在这扑朔迷离的局面中，各皇子在康熙的心目中是什么地位、与储位是什么关系，为了清晰地回答这两个问题，我将对每一个皇子集团作出说明，以期明了康熙逝世前储位的可能人选，作为揭示雍正继位之谜的第一个步骤。

太子允礽：两次废立，储位空悬

允礽两岁被册立为皇太子，此后就以这种身份接受教育，处理人际关系以及部分政事。康熙对他的教育抓得非常紧，每天督促他写字，朱笔圈点改正；每天先听他背书，然后御门听政。指派理学家汤斌等为师傅，讲解经书，允礽学习后还需向康熙汇报心得。所以汤斌歌颂康熙教子："自古来帝王教太子之勤，未有如今日者也。"允礽被训练得才能出众，骑射、言谈、文学都很好。他不到十岁就跟随康熙四处巡幸，学习处理政事。康熙也培养他的威信，给太子制定了储君的特有制度，体现太子威严的着装、仪仗用物与皇帝的差不多，国家三大节中的元旦、冬至以及太子的千秋节，王公百官要在给皇帝进表、朝贺之后，到太子宫中进行同样的仪式，要行二跪六叩首礼，仅比对皇帝三跪九叩首礼低一等。藩属朝鲜国书因没有为允礽避讳及表笺用词不当，康熙都加以指责。康熙三次亲征噶尔丹，均令允礽留守京城，处理政事。

允礽储君的特殊地位，使得其与父皇、与诸兄弟、与贵胄朝臣之间联系繁多，如果各方面都能正确对待，无疑就有利于朝政和他的顺利接班，如果处理不好就会出大乱子，而事情正是沿着后一方向发展的。允礽虽然年轻，但做太子的历史却很长，随着时间的推移，一部分人就想依附于他求取发迹，遂在他周围形成了一个小集团，主要成员是索额图。此人是允礽生母孝诚仁皇后的亲叔父，即是允礽的叔外公，早在康熙八年（1669年）就担任了大学士，二十五年（1686年）改任领侍卫内大臣，随后率领使团与俄国签订《尼布楚条约》，是康熙前期的重臣。他向着侄外孙，极力使皇太子的仪卫接近于皇帝，更为严重的是他对康熙有二心，图谋允礽早日登极。

康熙为保持帝位，对太子党的活动自然不能容忍，但投鼠忌器，为保护皇太子，不使事态扩大，只惩治少数人。三十六年（1697年）征讨噶尔丹回到京师附近，急忙下令处死私自在皇太子处行走的内廷膳房人花喇等人。四十年（1701年）斥出索额图，四十二年（1703年）以索额图等人"结党，议论国事，威吓众人"为罪名，将他囚禁致死。在这个事件过程中，康熙命令允祉、允祺密审索额图。在没有废太子以前，太子党人的活动就使我们看到事情的严重性：第一，一开始就出现党派，使事情具有政治斗争性质；第二，政争的焦点是夺权，康熙是保卫皇权，防止他人干政，允礽则是希图早日继位。

太子党人的活动，直接把允礽推到了康熙的对立面，但更为麻烦的是，允礽本身的人品也很有问题：贪婪货财，以至侍从康熙巡幸，大肆勒索地方，把外藩蒙古进贡的马匹也掠为己有；性格残暴，毫不克制，责打王公贵族，甚至当着父皇的面把官员推到水中。康熙治国注重宽仁，太子的行为自然使他无法接受，令康熙感到后继非人，担心允礽当政会出现"败坏我国家，戕贼我万民"的恶果。父慈子孝是父子关系的准则，康熙极端讲究孝道，孝庄太皇太后和皇太后，并以此期望于允礽，哪知允礽并无孝顺之心。康熙第二次亲征噶尔丹，归途生病时想念允礽，命他驰驿来见，但允礽见到病中的父皇，没有一点忧伤的感情，致使康熙认为他"绝无忠爱君父之念"，丝毫不讲孝顺，当即令他先回京师。这样一来，康熙父子感情急剧恶化。

康熙对允礽的教训总结，认为皇太子应当具备三个条件：一是要忠于父皇，不可结党谋位；二是为人仁义，将来为政清明有道；三是孝友为怀，作储君时能守孝道，为君能善待兄弟皇族。这些要求，随着储位斗争的深入，还有补充发展，不过基本精神尽在其中了。

康熙对允礽的容忍是有一定限度的，四十七年（1708）九月终于作出了废黜太子的决定，并迅速付诸实行，促成康熙下决心的是两件事。其时康熙带领允礽、允禔及几位小皇子在木兰秋狝，返京途中随行的十八阿哥允祄罹患重病，允礽却毫不关心，康熙以兄友之义责备他，他不但没有改过，反而暴怒，此其一；其二，允礽每夜在康熙住的帐篷周围活动，从缝隙处鬼鬼祟祟窥测父皇，康熙认为他可能存了坏心思，想为索额图报仇，因此昼夜不宁。迫于形势，在返京路上把允礽锁禁起来。回到京城，立即举行告天仪式，正式宣布废黜皇太子。

康熙怕允礽想谋害他，在囚禁允礽时，指派皇长子直郡王允禔保护自己，允禔却向康熙建议，杀了允礽，且不要皇父出面，由他进行，暴露了其与允礽两人矛盾之深。康熙听了惊异不止。允禔作为庶长子，很得康熙宠信，三次从征噶尔丹，第一次还受命为副将军，他是皇太子以外诸皇子中唯一拥有王爵的人，他的母舅大学士明珠一度是康熙亲信大臣，因与索额图闹党争被康熙撤职，这大约是他与允礽发生矛盾的直接原因。索额图与明珠分别与皇太子、皇长子有近亲关系，这不能不令人怀疑他们间的争竞，赋有皇太子党与皇长子党的党争含义。允禔周围也聚集了一些贵族，有康熙舅舅佟国维家族的鄂伦岱、隆科多、舜安颜，以及上三旗中的一两个大臣，下五旗中的一些王子，他利用喇嘛巴汉格隆搞厌胜术，幻想咒死允礽。允礽被废，他以为这是争当皇太子的好机会，不惜露出凶相，这倒使康熙极其厌恶他，认为他"为人下贱，无耻不堪"，不但不会选中他，还将他终身圈禁，使其集团彻底失败。

允禔在将败未败，感到自身争储无望之时，转而支持贝勒允禩，向康熙推荐，言相面人张明德说允禩"后必大贵"。皇家每发生重大事情，康熙即派皇子为内务府大臣，处理一些家事。允礽事出，康熙命允禩署理内务府总管，他还是皇子中最年轻的贝勒，可见康熙对他的欣赏和信任。允禩听信乳母丈夫的谗言惩罚御史，允礽向康熙告发，因此双方交恶。张明德又自夸说他可以招来十六条好汉，只需二三个人就可以暗杀允礽，允禩听了高兴，转告允禟、允䄉。他见允礽被废、允提被囚，起了争太子的心思，为此利用职权，联络官员、市恩买好，连太子党人的罪恶也加以包庇，终于引起康熙不满，被革爵圈禁。

　　废太子事件发生之初，允提、允禩的大肆活动令康熙感到事态的严重性，立即重拳出击，加以制止。一方面告诫他们不能邀结人心、树党倾轧，否则就是国贼，严厉处置；同时又对八旗权贵官员三令五申，不许与诸皇子结成小团体。可是，皇太子是国本，国家当有储君，而且康熙册立皇太子已达三十多年之久，朝臣皆有立太子的心理习惯，康熙本人也不例外，在这种情况下若再立太子，既符合臣民心理，又免得诸皇子争夺储位，所以康熙在废黜允礽不到一个月的时候，就有再立皇太子的打算，但立什么人，以什么标准立太子，自己也不是很清楚。及至允提厌胜事发之后，以为允礽是受人巫术致病，才发疯暴戾，遂宣布将看他的病情变化再作安排。左副都御史劳之辨揣摩到康熙要复立允礽，抢先上疏保荐废太子，以图拥立之功，康熙洞察他的心术不正，将之革职回籍。随后命朝臣推荐人选，并表示众人举荐谁他就立谁。这时，原先的允提党人佟氏家族转向允禩，大学士马齐也倾心于他，在他们示意下，朝臣一致举荐允禩，康熙对此非常不满，一面惩治马齐，谴责佟国维，一面决心起用允礽，乃于四十八年（1709年）三月将他复立为皇太子。

允礽复立，是康熙不准储君结党谋位的直接表态。他惩处马齐、劳之辨，是不许朝臣干预立储。他深知臣下拥立储君，将来会以此要挟正位的皇太子，擅权恣肆，对皇权不利。他考虑的是清朝的长治久安，把立皇太子当作皇帝个人的权力和事情，结党谋求储位就是侵犯他的权力，就是危害皇帝的行为，结党谋位者就没有资格当储君。所以康熙在允礽再立过程中进一步明确，在发生过废立太子事件的客观条件下，不能用结党谋位的人为储君。

允礽并不是康熙的理想太子，将他复立只是用来填补储位的空缺，以扼制诸皇子的蠢动，所以他的地位很不巩固。允礽可能意识到这种形势，重新结成小团伙，希望早正大位。他常常对人说，古往今来，哪有四十年的太子！觊觎御座之心溢于言表。他的党徒有步军统领托合齐，兵部尚书耿额，刑部尚书齐世武，都统鄂缮、迓图，副都统悟礼等人，大学士嵩祝亦有趋承，势力不小。康熙发现之后，指斥允礽无耻之尤，与恶劣小人结党，再加上服御陈设等物超过皇帝标准，因此将他废黜圈禁，并处死托合齐。结党，终于使允礽再次丧失皇太子之位。

允礽不甘心被废，乘康熙五十四年（1715年）对蒙古准噶尔部用兵之机，用矾水书写信件，要求公普奇为他活动，推举自己出任领兵大将军，以便再谋复位。他的阴谋被允禩党人打探到，贝子苏努指使其侄辅国公阿布兰出面告发，康熙遂给予严惩，这就是所谓"矾书案"。朝臣方面也有多人为允礽奔走，五十六年（1717年）冬天，大学士王掞疏请建储，言下之意就是再立允礽，御史陈嘉猷等八人也递出同样奏议。次年一月翰林院检讨朱天保奏请复立允礽为皇太子，又警告康熙不要弄出汉武帝杀害戾太子那样的事件，惹得康熙愤怒，指斥他希图侥幸，论罪处死。六十年（1721年）乃康熙登极一甲子大庆之年，二月大学士王掞再次密疏请立皇太子，三月御史陶彝等十二人奏请立太子，康熙已不能再像上次那样容忍王掞和御史们，责备他们结成朋党，以为异日宠荣，并加以惩治，陶彝等人遭戍西北军前效力，以王掞年过七十为由改令其长子、少詹事王奕清代往。朱天保、王掞等人并没有同允礽有什么勾连，也没有结成朋党，而康熙却以"植党希恩"之名罪责，表明他坚决反对诸皇子与朝臣结党图位，哪怕有这种潜在因素也不行。次年四月王奕清请求捐银万两回京省亲，康熙也不允许，可见其把王掞上疏这事看得多么严重。

矾书案、朱天保案、王掞案、陶彝案，无不表明允礽的政治生命已经彻底终结。事实上，康熙也说过：允礽两次废立，经过几十年的教育，还不能改过，只能把他囚禁，之所以不杀他，就是怕落个重演戾太子事件的恶名。在这种思想下，怎么可能再立允礽！所以被黜后的允礽，只是作为一具政治僵尸被某些人死抱住不放，而他本人绝无可能东山再起。允礽失败的原因，关键就在于结党夺权被康熙发现而遭到致命打击。

两次废太子风波，康熙实有不谨慎之弊，难逃行为乖张之咎，形成败政，自食恶果。其后诸皇子仍在钩心斗角，诸臣悬念皇储归属，依旧不安本分，乃有王掞等人屡请立太子事件，以致获罪受责。

老八允禩：结党谋位，父子反目

八阿哥允禩工于心计、精明能干，雍正都说他颇有识量。他与允礽暴戾不仁的作风相反，以仁爱自励，笼络人才，收买人心。在兄弟、宗室、外戚、满洲和汉人大臣中广有活动市场，拥有众多的支持者。康熙原来也颇为钟爱他，将南巡召来的有名学者、进士何焯分到允禩府中做侍读。允禩对何焯百般照顾，又托他弟弟在江南买书。何焯为人耿介，清誉甚高，被学者尊称为"义门先生"，因此江南的文人纷纷传言允禩极为好学，是位极好的皇子，舆论对他大为看好。太子允礽对允禩、允禟、允䄉不好，兄弟三人就联合起来。允禩幼时受允禔生母惠妃的抚养，与允禔关系亲密，所以允禔夺嫡无望转而支持允禩。

十阿哥允䄉也归心于允禩，允䄉生母是温僖贵妃，孝昭皇后还是他的姨母，她们都是康熙初年辅政四大臣之一遏必隆的女儿。遏必隆的儿子阿灵阿，袭爵一等公，允礽初废时任职理藩院尚书，他认为允禩的八字"庚戌己丑丁未壬辰"，与前代帝王相同，故而衷心拥护允禩。康熙哥哥裕亲王福全在世时也称赞允禩有才有德。鄂伦岱是佟国纲长子，历任领侍卫内大臣、散秩大臣、都统。揆叙是大学士明珠之子，任翰林院掌院学士、工部侍郎，其父败于允礽党人索额图之手，他在感情上投向允禔、允禩一边。马齐为满洲首席大学士。汉人王鸿绪，官户部尚书，原为明珠党人。两江总督赫寿赠送两万多两银子给允禩，允禩转送给允禟建造花园。

允禩派太监阎进到江南，通过赫寿让内务府苏州织造李煦用八百两银子买了五个婢女送到自己府中。这些人聚集在允禩周围，四十七年十一月举荐太子时，马齐、阿灵阿、鄂伦岱、揆叙、王鸿绪倡首，示意众官，一致推举允禩，但被康熙否决了。不过这一事件颇具代表性意义，它表示允禩集团有势力，骨干多，影响大，气焰嚣张。当康熙追查推举允禩的首倡人员时，马齐竟敢负气拂袖而去，随后在"二废太子"事件中，允禩集团成员阿灵阿插手其间，说朱天保的奏请是希冀异日宠荣，促使康熙处死朱天保。众人保举允禩，还造成允禩潜在皇储地位的情况。康熙后来不立太子，如果万一故世，没有储君，允禩就可凭借被众人荐举的历史，顺理成章地登上宝座。

贵胄官僚保荐允禩，康熙非但没有采纳，反而复立了不得人心的允礽，允禩自然不服。及至再废允礽之时，允禩顿生幻想，希望乃父承认众人推举的事实，他试探性地问康熙：我现在该怎么做事？要不就装病卧床，免得大家不好对待我。康熙看出他的心思，当即告诉他"你只是一个贝勒，怎敢作越分之想"，喝破了他的皇太子梦，于是八阿哥便开始仇视父皇。五十三年（1714年）冬天，康熙出塞狩猎，允禩因其母二周年忌辰没有随

允禩画像

允祺画像

行，及至康熙回程，八阿哥派太监送去两只将死的海东青猎鹰，而自个并不前来迎驾，也不请示行止，以示对乃父的藐视，把康熙气得几乎心脏病发作。统观康熙前后对允禩的指责，主要有如下几点：

甲、阴怀图位大志，不守本分。所谓"自幼心高阴险""妄蓄大志"，不讲臣弟之道，谋害允礽，以图储位。

乙、妄博虚名，滥施恩惠，甚至抢康熙的风头。在管理内务府大臣事务时，把康熙所宽宥和施恩的事情，揽为己功，收买众人。允祉说允禩的行为像梁山泊的宋江假行仁义，康熙也同意地说他及其党人如同梁山泊贼徒，又拿他与允礽作比较，说允礽悖逆屡失人心，允禩则屡结人心，这个人的阴险，百倍于允礽，因此更可恶可怕。

丙、结党谋位。康熙在四十七年九月就指出允禩"党羽早相要结"，五十三年说他与乱臣贼子结党，密行险奸。五十四年将允禩侍读何焯削职，贬至修书处校书。

丁、不孝不义。允禩结党谋位，对父皇、对嫡长、对非同党的兄弟，自然是不讲孝顺和友恭之道，所以康熙深知其不孝不义情形。这已经不是康熙是否喜欢他的问题了，而是打心底里惧怕他、痛恨他。惧怕，是因允禩党徒多、势力大，以至可以搞政变夺权；痛恨，是明确宣布断绝父子恩情，一度下令停掉允禩的俸禄，五十五年（1716年）允禩患伤寒病，命悬一线，康熙内心却是毫不在意，只是怕落个不慈的名声，才勉强过问一下，可见父子间感情决裂到何等严重程度。

　　总之，康熙与允禩芥蒂太深，各存疑心，甚至到了反目成仇的地步，储位争夺中，这种情况决定了康熙决不会选择允禩为继承人。所以四十七年（1708年）之后，允禩与皇位的距离随着时间的推移而越来越远。如果说还有一线希望的话，也不过是因为他尚得人心，还拥有一定的政治力量而已。

老三允祉：不甘落寞，鲜能无奈

　　三阿哥允祉与争夺储位的关系，学术界过去重视不足，杨珍在《关于康熙朝储位之争及雍正继位的几个问题》中，以"储位竞争中的一个被忽视者"为目，给允祉以特写，我在《雍正传》中也写了"胤祉的'希冀储位'"一节。总的来讲，对他的研究力度仍然不够。

　　允祉二十岁从征噶尔丹，执掌镶红旗大营，二十二岁受封为诚郡王，一年后因违制在康熙敏妃病逝百日内剃发，被削夺王爵，降为贝勒。

　　允祉与允礽关系密切，若允礽不出事，将来三阿哥必然会跟着一起飞黄腾达。康熙在返京途中囚禁太子，允祉适在京城，康熙召他到行在，虽说不是拘执，实已对他有所防范。允祉揭露允禔对允礽使用厌胜术，而所指使的喇嘛巴汉格隆却是他的属人，这样不怕沾连自己，表示要维护允礽的正当权力，康熙因为三阿哥的这个揭发，便原谅了他。太子复立后，允祉被封为诚亲王。允礽身为皇太子，允祉同他交好，并没有不妥当的地方，后来能仗义执言，表明在有皇太子的时候他是个安分守己的人，并没有觊觎储位的非分之望。

允祉酷爱钻研学问，和他常在一起的学者蔡升元说他手不释卷。他的书法甚好，还在二十二岁时，诗坛领袖王士禛就说他的字方圆径寸、遒美妍妙。雍正也说，在他的兄弟中，允祉、允祺工于书法，后来让他们给康熙景陵书写碑额。基于允祉的文才，康熙于五十二年命他在畅春园开设蒙养斋馆，负责修书。他吸收原任编修陈梦雷，侍讲学士法海，编修魏廷珍、方苞、杨道升等人参加编辑，撰成《律吕正义》《数理精蕴》《历象考成》（统名《律历渊源》），又编纂我国历史上第二部大型类书《钦定古今图书集成》（雍正年间正式完成），对文化事业颇有贡献。

允祉受康熙委派，还参与祭祀并负责处理一些政事。康熙三十二年（1693年）重修阙里孔庙告成，允祉率领胤禛、允裪前往祭祀，四十七年（1708年）祭奠内大臣明珠，为领侍卫大臣福善送殡，五十一年（1712年）往吊大学士陈廷敬之丧。五十四年（1715年），会同胤禛与康熙讨论西北用兵事。五十六年（1717年）春，与胤禛等查看明朝皇陵，处理盗陵事务。同年冬天，康熙有病而皇太后孝惠章皇后病危，允祉与胤禛、允祹等奉命向朝臣传达谕旨，其身份之高、地位之崇是不言而喻的。五十七年（1718年）孝惠章皇后神牌升祔太庙奉先殿，允祉行致祭礼。五十八年（1719年）冬至，允祉与康熙同行祭天礼。六十年（1721年）三月允祉与雍正等复查会试中式原卷，四月允祉

《钦定古今图书集成》书影

允祉画像

奉命祭祀太庙。

　　康熙同允祉的父子感情深厚。康熙"一废太子"，事后愧悔交加，患病又不医治，拖延到十一月中旬，才接受允祉与胤禛的请求开始治疗，并由他们检视药方。需知这种请求与审查药方是要承担重大风险的，万一皇帝病未治好，甚或恶化，提议人、检视人是可能获罪的。允祉、胤禛敢于提出建议，不计个人得失，表示出对父皇的至爱之情。在这一点上，各位大臣就没有他们这种精神了，他们对皇帝的健康要是不关心，自然会惹得皇帝心中不高兴；要是不知皇帝病情究竟怎样，又太过热心瞎出主意，就得承担出事的责任，故而只会应酬式地请安。康熙深明此中奥妙，对臣下的问安，视为虚情假意，觉得没有一点儿人情味儿，而对允祉、胤禛的嘘寒问暖，感到由衷的欣慰。自四十六年（1707年）起，允祉奏请康熙临幸他的花园。允礽被废后，他每年都请乃父到他在京城和热河的花园欢宴，先后达十八次之多。康熙废太子、囚长子，缺少天伦之乐，允祉以此哄父皇开心。

　　康熙诸皇子的属人，多倚仗主子的权势胡作非为。五十三年（1714年）发生皇子太监诈骗官员案，这皇子中有允祉、允禩、允禵、允禟，还有十五阿哥胤禑、十六阿哥允禄。审判结果出来，允祉、允禟的属人没有被治罪，他们二人是在父皇跟前颇为受宠的，偏偏他们的下属没问题，这可能是官员揣摩康熙心意作了袒护。五十六年（1717年）又发生允祉属人孟光祖行骗案，孟光祖数年间自称奉允祉之命，到山西、陕西、四川、湖广、广西等省活动，违法使用驿站，结交地方长吏，如代表允祉向川抚年羹尧赠送礼品，年羹尧回赠马匹银两，江西巡抚佟国勷送他银两缎匹。此事被直隶巡抚赵弘燮告发，康熙亲自过问，将孟光祖处斩，佟国勷革职，年羹尧革职留任。另一方面，康熙不让此事牵连允祉，对在蒙养斋馆的魏廷珍说："这事关乎诚亲王声名，你每天同他一处修书，知道他的为人，应当以身家性命保他。"可见皇帝是有意关照允祉，不愿让他陷入政治旋涡之中的。

上述事实说明，允礽被废掉太子之位后，允祉也不甘寂寞，希望成为新太子。其时，能够自由活动的诸皇子中，就数三阿哥年龄最大，这一点对他很是有利。清太祖、太宗历来注重年长的儿子，所以褚英、代善、豪格相继受重用。康熙兼顾满族传统和汉人传统，不但立唯一的嫡子允礽为皇太子，还重用皇长子允禔。废太子事件后，允祉、胤禛自然希望更进一步，成为大清帝国的储君，而允祉的意向更为强烈。正是在这种情况下，三阿哥只不过得到康熙的一些信任，就公然以储君自命，野心暴露无遗。雍正的属人戴铎说允祉把杨道升搜罗到府里，而杨道升是位颇有才学、兼通天文的奇人。从戴铎的眼光来看，允祉礼遇杨道升，是因他能够以天文知识佐证大位最终会花落三阿哥，也就是说允祉也在运作争取储位，胤禛集团不可以不注意这个竞争对手。不过允祉尽管也有谋求皇储的欲望，但他没有过多的活动，他身边只是几个文人，有一定学术地位，而没有相应的政治影响力。陈梦雷是三藩之一耿精忠逆案中人，方苞是《南山集》案当事人，他们受过流放和管治，没有政治活动能量。允祉在兄弟中也没有特别要好的人，他告发允禩，无异于得罪了皇子中最大的党派允禩集团，大约康熙也看到了这一点，才特意保护他。三阿哥没有竞争能力，很难在储位斗争中取胜。

康熙给予允祉宠爱、重用，但允祉缺乏政治手腕与智慧，两次陷入门人的犯罪案，显然没有制御下人的本事。这样一个家事都管不好的人如何能治理天下，所以康熙很难取中他。允祉虽然奉命做了一些事情，但这不过与他的身份地位有关，似乎与挑选皇储没有特别的联系，对三阿哥而言算不上特殊意义，不过只是一般性的参与而已。

老十四允禵：奉命出征，事涉储位

十四阿哥允禵是雍正的同母弟弟，可是关系平常，却与允禩、允禟交好。康熙"一废太子"之初，在乾清宫召见诸皇子，下令锁拿允禩，指责他有图谋储位的野心。允禟对允禵说："此时我们不救允禩，还等到什么时候？"允禵当即为八阿哥辩解，说他没有夺嫡的心思。康熙闻言大怒，拔出佩刀就朝允禵砍去，被五阿哥允祺抱住，诸皇子叩首请求父皇息怒，康熙这才命人把允禵鞭挞一顿，将他赶出宫去。允礽复立之后，康熙分封诸皇子，允禵获得贝子爵位，还把被夺爵的允禔原有的包衣佐领、浑托和人口的一半，以及上三旗所分佐领全部赏给允禵。允禵是最年轻的受封皇子，考虑到他原本无爵位的情况，可以说是得益最多的。当初康熙要砍杀他，很可能是因为平素喜爱允禵，却见他胆敢忤逆自己，一时控制不住感情，才有的冲动之举。所谓爱之深而恨之切，情绪冷静之后，又回复了原先对他的喜爱。

康熙末年，西北用兵是一件异常重大的事情。准噶尔部蒙古人虽经康熙三次亲征打击，败回新疆，但其与和硕特等部在青海、宁夏部分地区仍然有势力存在。由于蒙古人信仰西藏喇嘛教，和藏族关系密切，顺治、康熙年间蒙古和硕特部首领做西藏俗王，他们虽都臣服清朝，但关系松散，所以西部蒙古是清朝的西北边疆的不稳定因素。康熙五十四年准噶尔部策妄阿拉布坦进攻清朝哈密，康熙当即派遣富宁安为靖逆将军、傅尔丹为振武将军前往巴里坤、阿尔泰山抗击，但两年之内，战事并无进展。五十七年（1718年），策妄阿拉布坦部将策零敦多布率兵入藏，杀掉和硕特拉藏汗，并禁锢后者扶立的达赖六世，控制西藏。为此康熙派西安将军额伦特到青海负责西藏事务，但是九月额伦特所部为准噶尔人包围，全军覆没。

这时西北的形势非常严峻，准噶尔处于进攻态势，已占据新疆、西藏，再进一步则可以影响与它们毗邻的青海、甘肃、宁夏、蒙古、四川、云南，若不加遏制，清朝西北、西南、北部边境就不能稳定。五十六年（1717年）夏天康熙说他年纪大了，血气渐衰，要是在壮年时期，早把这件事办成功了。现在虽不能亲征，但下令把前线将领的奏疏交给皇子阅览，有了让皇子参与西北军事的打算。及至青海失利，康熙为了在西藏、新疆同时用兵，统一前线指挥，以利战斗，有意派遣有权威的统帅坐镇。五十七年十月，决定由皇子统兵，选定允禵，命为抚远大将军。康熙在此之前也曾召见允祉、胤禛商讨准部战事，说明他们也在备选名单内，也要考察他们，但最终选择允禵，一定是认为他才华出众，可以胜任，而允祉、胤禛却不及他。康熙对这次任命非常重视，采取了多项措施保障允禵顺利履职：命允禵使用正黄旗大纛，礼仪采用亲王规格，允禵自称及众人对他称谓均是"大将军王"；命令简亲王之子永谦、皇孙弘曙等随同出征；任命平郡王纳尔苏为允禵助手。十一月康熙为了出兵顺利，亲自去堂子祭旗纛。十二月允禵自北京出发，乘马出天安门，诸王贵族及二品以上大臣均亲自前来送行；康熙命令驻防新疆、甘肃、青海的八旗、绿营军皆听允禵指挥，是时允禵号称统领精兵三十万人，实际有十几万人；康熙给西北蒙古王公下指示：大将军王是我皇子，确系良将，故命带领大军，掌生杀重任，你们大小事务俱要听他指挥，就像接受我的谕旨一样。这一切都说明，康熙对允禵的任命与使命极端重视，实在是具有代替自己出征的性质。

允禵于五十八年（1719年）三月到达西宁，首先整顿内部，参奏办事不力的吏部侍郎色尔图（当时在西宁管理兵饷）、滋扰百姓的都统胡锡图，以提高办事效率和军队纪律。十四阿哥对尚在西宁塔尔寺的小呼毕勒罕①做工作，由其传谕藏人：清军是来驱逐准噶尔、复兴黄教的，要欢迎大军到来。按照康熙的部署，先收西藏，后捣准噶尔本部，对藏分兵两路出击。五十九年

---

① 这里说的小呼毕勒罕，即为五十九年由清军护送进入拉萨的达赖七世，这是康熙册封的。一般载籍均云他是达赖六世，我说是七世，是从牙含章著《达赖喇嘛传》的说法。

（1720年）正月允禵把指挥部移至靠近西藏的穆鲁斯乌苏，以便就近指挥和运输军粮。六十年（1721年）八月由四川出发的定西将军噶尔弼挥军进入拉萨，九月从青海前来的平逆将军延信一行到达，并为达赖七世举行坐床仪式。同时清朝在拉萨竖立平藏纪功碑，记录了允禵的功勋。自此之后，准噶尔人再未能进藏干预西藏事务。这次军事胜利，稳定了西藏地区，使清朝能集中力量全力对付准部大军，同时也掐断了准噶尔与达赖喇嘛的联系，使他们不能利用黄教煽动对清朝的叛乱。这次胜利，允禵立了大功。

藏事结束，战事移向新疆地区，允禵于六十年（1721年）五月从青海移驻甘肃的甘州。从五十四年（1715年）战争发生以来，清朝几乎年年议论对策妄阿拉布坦本部用兵，但实际上没有行动。西藏平定后，清朝又议进取，议政大臣认为明年进兵，事关至要，大将军应请觐见，接受指示，才能行动。于是以大将军王请求召见的名义，于十月令允禵及富宁安部、傅尔丹部的官员回京筹商。允禵十一月到京后，长期滞留都城，次年四月辞赴甘州军营，但直到康熙去世，他也没有对新疆发起军事进攻。

允禵出任大将军，使得争夺储君的形势发生了巨大变化。对"八爷党"而言，在允禩争位无望之时，允禵的得宠使这个集团可谓绝处逢生，并把夺取储位的希望寄托在他身上。允禩早就向亲信说，他和允禵、允禟三人中必有一个人能当太子，又说允禵才德双全，其他兄弟皆不如他，将来必然大贵。及至允禵出征令下，允禩说十四阿哥现今出兵，皇上看得很重，将来皇太子一定是他。允禵出发前，允禟每天到允禵家去，二三更天才离开，商量的都是允禵早成大功、回来当皇太子的事。

允禵本人也把成为皇太子作为追求目标。他知道远离京城及康熙年迈对他的储位之路大大不利，很需要同伙的支持。遂一再要求允禟给他报告康熙信息，他说皇父年高，好好歹歹，你须时常给我信儿；又说皇父一有欠安，就早早带信给我。他是否真是关心康熙健康，不得而知，为相机采取行动当无疑问。康熙五十八年（1719年）允禵在西宁，把临洮张恺叫去算命，张恺事先与知府王景灏串通好，到时说允禵的命是元（玄）武当权，贵不可言，将来定有九五之尊，运气到三十九岁就大贵了。允禵这时三十二岁，以为再过几年就会龙飞九五，高兴异常，称道张恺说得很对。可知他觊觎皇太子、皇帝的愿望是很强烈的。允禵为实现目标，"虚贤下士"，招揽人才，特别爱结交文士，以抬高自己声望。为取得大学士李光地的支持，礼遇他的弟子程万策，呼以先生而不名，以示礼贤下士。还曾三次派人敦请颜李学派的首领李塨，害得李塨要赶紧搬家来摆脱他，这似乎表明允禵为了拉拢人已到了不择手段的地步。

前述允禩、允禟都把允禵西行同册立皇太子联系起来，时人以及后世学者也是这样。西行对于允禵的储位究竟有何影响呢，反映了康熙对允禵是何态度呢？

（甲）康熙钟爱允禵，绝不像雍正所认为的那样厌烦他。

雍正说康熙任用允禵，不过是以皇子虚名坐镇前线，而允禵又是秉性急悍、素不安静的，借此把他打发到远处，免得生事。

形色天性流行
古今身體髮膚
网散弗欽德合
矩度律中元音
渾然道貌不愧
影衾然無顯非
隱無淺非深人
弟見氣宇清和
曰武如玉武如
金而不知黙與
天通者緗腔子
惻隱之心

允禵画像

允禟画像

但从史书记载可见，允禵绝不是空有头衔的提线木偶，在战争中发挥了统帅作用，他确实如同康熙所说，具备出色的军事才能。当六十年（1721年）十月令其回京议事时，康熙还指示，若策妄阿拉布坦这时大举进犯，允禵就不要回京，同时前进到肃州，以便指挥。在康熙心目中前方离不开这个大将军，怎么会是为了远远打发他呢！允禵挂帅出征，只能说明康熙喜爱他、重用他，任何不利于允禵的解释，都与客观实际相背离。事实上，康熙看重允禵的才力、品格、身体，对他爱护有加，父子之间感情笃厚。

（乙）康熙在培养允禵。

允禵的统帅才能，通过西藏用兵的胜利得到了充分证明。允禵以前线的战功在臣民中的威望大大提高了，如他六十年回京，百官郊迎，阿布兰出班跪接，表示托身投靠，但是允禵的威望也并非人人买账，李琳便坚不赴召。

王掞等人奏请复立允礽，说明允禵并没有取得朝野的一致拥戴。认为允禵是预定皇储的史家，对允禵的威望似乎作了过高的估计，以为他像皇太子一样被人爱戴，这并不符合真实情况。康熙重视他，培养他，如果条件成熟了，指定十四阿哥为皇太子，并非不可能。允禵也想好好表现一番，让父皇感到满意，但事实却不尽如人意。他的亲信何图弟兄根据在西北的亲身见闻，说允禵初去时名声很好，后来公然纳贿、索诈文武官员钱财，手下人也敲诈勒索，名声就不好了，有人抱怨了。允禵确实捞了不少钱，一次送给允禩二十万两、允禟六万两银子。看来他空有进取精神，并不能善始善终。

（丙）允禩集团为允禵储位未定而担心，康熙对允禵的考察使他们心烦不安。

五十七年任命允禵为大将军王之后，康熙未对允禵再行加恩，即以王爵来说，可以说没有真给。出兵之初，为树立统帅权威，以便号令蒙古王公，故而给允禵以王的名义，但清朝正式封王，得有王的嘉号，如康熙四十八年三月下令封允祉、胤禛为亲王，允祐、允裓为郡王，到十月才正式册封，分别给予"和硕诚亲王""和硕雍亲王""多罗淳郡王""多罗敦郡王"封号，可是允禵始终没有赐号，他的奏疏具衔为"大将军王"，不及王的嘉号，所以允禵绝不是正式的亲王，而是类似"假王"。《永宪录》记载雍正元年（1723年）封允禵为郡王事，下注"未赐封号，注名黄册，仍称贝子"。可见没有封号，只是虚封，实际爵位仍是允禵原有的贝子。这一点，从康熙对允禵女儿的封爵上可以找到佐证，五十八年（1719年）八月允禵女儿出嫁，封为郡君，女婿为多罗额驸。清朝制度，固山贝子女封郡君，亲王女封郡主，允禵女儿的封号，与贝子之女相同，显然是按其父贝子的爵级授予的，而那时允祉、胤禛女儿出嫁都封为郡主，是按亲王女赐爵的。这就证明允禵实际上还是贝子爵位，并没有破格优待。

六十年（1721年）允禵回京并非主动请求，是奉召而来，他的集团成员并没有把这看作好事，允禟说乃父明明不要允禵成功，恐怕将来难于安顿他。表明他们不相信康熙会选择允禵为继承人，心里总是嘀嘀咕咕，忐忑不安。允禟等人为获得康熙的信息，收买太监陈福、李坤，随时报告康熙的喜怒动静。他们自知允禵还不是康熙暗定的储贰，要达到愿望，需要做各种努力，包括私下探听康熙动向。由此可见，研究者中的允禵预定储君说，还不合当时实际，尚难成立。

贝子距离亲王的爵位，差着贝勒、郡王两个等级，至于同皇太子，更是一个天上一个地下了。康熙呵斥允禩以贝勒身份想望皇太子地位是不自量力，他的等级观念很强，名分不轻易与人，不愿随便给允禵以真王，怎么能说已内定他为皇太子？如果照持有此论的研究者那样说法，我想康熙也是不会同意的。

（丁）允礽谋求大将军一事不能给允禵预定储君说帮忙。

有研究者以允礽谋求为大将军而不可得，与允禵不谋而得作出比较，认为允禵当上大将军，是康熙希望允禵接班的证明。我认为这可能是仅看表面现象，缺乏深入分析造成的误解。允礽被囚，图谋大将军之职，第一步追求的是获得自由，第二步才是凭借两立太子的经历，谋求复位。他之所以要出任大将军并不是能当皇太子，大将军和皇太子发生联系，对于他来讲是因为曾经当过皇太子，没有这个经历，就缺乏内在联系。允禵没有允礽那种资历，他做大将军就不能直接同当皇太子挂钩。只能这样认为：允禵出任大将军，有被选中为皇太子的可能，但这两者绝不能直接画等号。

（戊）康熙是否考虑允禵会得到"八爷党"支持，能够顺利继位而选定他为继承人呢？结论应当与此相反。

有研究者认为康熙看到皇子夺嫡的混乱局面，害怕继承人不能顺利继位，故而选定允禵，因为他会得到"八爷党"允禩、允禟等人的支持，从而顺利实现交接。康熙选择皇储的重要标准，是这个阿哥不会结党谋位，要是允禵能够获得允禩等人的支持，不就是犯了康熙的心头大忌吗？难道是康熙过于厚爱允禵，标准唯独对他不起作用？再说，难道康熙就不怕纵容结党带来的严重政治后果——允禵党人挟功乱政？这都解释不通！康熙绝不会因为允禵与允禩交好而选中他，恰恰相反，对允禵与允禩的结党关系，已惩治于前，薄谴于后：允禩患伤寒病，康熙以允禵与允禩相好为理由罚他护理病人。康熙对他们的关系非常介意，但又觉得没什么大不了。我个人以为，"一废太子"时允禵还年轻，在"八爷党"中算不上核心人物，因而康熙原谅了他，后来既然不选允禩为储贰，对允禵的结党问题就不那么在乎了。尽管如此，结党仍然是允禵通向太子宝座的障碍，而不是什么有利条件。

（己）康熙要在对准噶尔议和后册立允禵的说法，尚属推论。

有的研究者认为康熙在六十一年对准噶尔议和，事成将立允禵为皇太子，只是雍正谋位破坏了康熙这一行将实现的计划。这一年清朝与准部使节确实有往来，《抚远大将军奏议》一书记载，六十一年十月准部的踹那木喀等五人被送往京城，双方谈判细节史书无载。清朝年年喊进攻，却雷声大雨点小，对准部主要是采取守势，这时愿意议和，也不足为奇。但是议和与立太子是什么关系呢？似乎没有联系，因为康熙晚年始终没有再选皇储，不会以对准部议和作为立太子的先决条件。再说议和也不是允禵的功绩，不能借此而立他，其实，倘若真要允禵边陲立功当上皇太子，在西藏告捷之后，就足可以趁势册立，何必还要白白多等两年？还有，谁知道和议到底能不能成功，又哪一天能够成功呢？即使议和成功，怎么就知道康熙要立太子了？这全都是没有把握的事，可谓史无明证，如此揣测之词，很难令人信服。

（庚）康熙派遣允禵出征是分散其党、破坏其谋位的妙棋。

持雍正合法继位说的研究者中有人认为允禵出京，是康熙故意分割允禩党人，将感情容易冲动的允禵打发出去，保障政局的稳定，同时削弱八阿哥的羽翼，便于从容安排后事。这样分析显然不合康熙原意，未见中肯。允禵出任大将军王是受重用，而不是被惩处，前已说明，毋庸赘述。允禵出征的结果，使他的声望大增，非但没有打压了"八爷党"，反而使其获得了更多的政治资本，所以部分朝臣产生了允禵是未来储君的认识。康熙安排后事虽是复杂的事情，但也不必非要把皇子调离出京。假如没有准噶尔生事，不需要设立大将军，那又该怎么办呢？我想，西北发生战事，康熙考虑的主要是如何赢得战争，需派有能耐、有权威之人去当统帅，而不是要借机解决皇子的党争问题。雍正说派遣允禵是康熙厌弃他，纯属歪曲事实，同时也不能说康熙此举是为了削弱允禩集团，因为根本没有那样的目的。从历史事实来看，实在难以支持"康熙以允禵出征消弭党争"这样的观点。

总之，康熙对允禵的态度，不过是鉴于他比较能干、单纯、直率，因此指派他为大将军王，建立功业，作为皇太子的一个潜在人选，培养一下看看表现。但他还不够成熟，又有参加允禩集团谋夺储位的黑历史，大大影响了康熙对他的进一步信任。所以他虽然是康熙择储的人选之一，却不是皇帝唯一的选择，连暗定的皇太子都算不上，更不是当然的皇太子。

老十三允祥、老十二允祹：升降浮沉，终归无缘

在诸多皇子中，康熙一度会对某人表现得格外喜欢，或因其特殊地位对其另眼相待，如废储以前宠爱十三阿哥允祥，晚年重用十二阿哥允祹，对年长的五阿哥允祺并不歧视。从全面研究的角度而言，有必要对这几位皇子分析一番，以便探测康熙的立储意向。

允祥生于二十五年（1686年），生母敏妃章佳氏，颇受康熙宠爱。他自幼受雍正之母德妃照养，所以与雍正有特殊关系。十三阿哥喜好读书，诗文书翰均佳，且精于骑射。三十七年（1698年）至四十八年（1709年），康熙南巡、北狩、西幸、谒陵，几乎每一次都会带着允祥，哪怕仅仅带两三个皇子。康熙六次南巡，允祥竟随行四次，康熙爱之何其深也！其中几次，一起跟着的皇子只有允祥和允礽，或者加上胤禛。就是这些机遇，使允祥同允礽接近起来，而有研究者认为允祥是反太子党人，他究竟是属于哪个集团，现在不得而知。不过确切的事实是在"一废太子"时允祥也遭了殃，有关史料被雍正和乾隆时期的史官遵照"为尊者讳"的原则完全销毁。《八旗通志初集》卷134《怡亲王

胤祥传》关于传主在康熙朝的历史，仅写："圣祖钟爱甚笃，省方巡幸，恒命扈从，恩宠优渥。而王谨度循礼，恪慎有加。不立党援，不邀名誉，所属人众，承奉约束。公私政事，一无扰累。阿其那妄觊非分，数以诈术诱惑诸王，王独不为所动。"丝毫没有涉及他的受处罚。在"一废太子"事件中，只有允礽、允禔、允祥受处分而没有被康熙谅解，可见允祥陷入党争之深。允祥犯的事情，现在能知道的有：《雍正起居注》记载，雍正说允祥因废太子之事，"无辜牵连一时得罪，皇考随即鉴宥"；《皇清通志纲要》记载，允祥与允礽、允禔同时被圈禁。但事实真相并非如此，康熙没有原谅允祥，因为在复立允礽后没有给允祥封爵，并在四十九年（1710年）斥责允祥"并非勤学忠孝之人"。应该说，在废太子事件之前，允祥是康熙最喜欢的皇子之一，不过在废太子事件中的表现令康熙大失所望、不予原谅，从而失去日后成为皇太子的可能。

允祺年长一些，也得到康熙对年长诸子的正常待遇，参加少量的皇家事务活动，康熙说他心性甚善、为人淳厚，封恒亲王。细究其王号，表明康熙希望他的王封能永久保持。他自幼由皇太后抚养，皇太后病危，他请求去料理事务，康熙不允，却派遣允祉、胤禛、允裪等人传旨办事。说明他没有能力，不会得到重用。他对皇太子的位置可谓无欲无求，不去争竞，也不结党。

允裪于四十八年（1709年）受封为贝子，当时没什么人在意，以后康熙出行，他屡次随驾侍从。五十七年（1718年）春天皇太后逝世，允裪署理内务府事务。在允禵出师西征的同时，

允祥画像

康熙下令让允祹特别关注八旗事务，命他管理正白旗满洲、蒙古、汉军三旗旗务，这是皇子掌管旗务制度的开始。五十九年（1720年）裕亲王保泰之母去世，允祹奉命负责料理丧事。六十一年（1722年）正月奉派祭祀太庙，夏至祭祀地坛，秋分祭祀月坛，十一月出任满洲镶黄旗都统。看得出来，允祹在康熙心目中的地位不断提高，显然康熙也是把他作为一个有才能的儿子来看待的，但是没有迹象要立他为皇太子。康熙对待皇子的态度，绝非一成不变，总是依据其人的素质、表现调整看法，因而皇子地位有升有降，钟爱者因失宠而沉寂，默默无闻者因得宠而名显，年长者总不会吃亏。

老四胤禛：高深莫测，后来居上

在储位之争中，四阿哥胤禛参与的时间并不算早，那是在"二废太子"之后，但他不露声色、八面玲珑，反倒后来居上。

允礽出事之后，先是允禔一时得意，接着是允禩被重用并受到朝中权贵保举，胤禛对此看得清楚：他自己与储位无关，不妨表现得超脱一点儿，维持原有地位谁都不得罪，争取未来处境好一些。为此他采取四方讨好的策略，周旋于这场严重的政治斗争中。

雍正继位后说废太子虐待过他，原因是他得到康熙喜爱，允礽因嫉妒而打击他。他这是给自己脸上贴金，不足为信。胤禛与允礽关系平常，既不像允祉与之密切来往，又不像允禔、允禩与之对立，允礽被囚禁，胤祯作为被指派的看管人之一，揣摩康熙对允礽的态度是"恨铁不成钢"，并不是真要把他置之死地，所以决定不对他落井下石，而要保护他的正当利益。康熙一度不让看守人代转允礽奏言，可是废太子说"皇父批评我的话都接受，只是说我弑逆实在没有想过"。这话关系重大，允禔不愿传达，雍正则认为"就是代奏得了不是，也要为他去说"。此事转奏之后，康熙命令取下允礽脖子上的锁链。这件事，允礽算是直接受益人，对康熙正确认识废太子也有好处，胤祯这一手不但讨好了两方，还令众人感到他讲义气，获得好评。

胤祯与皇太子允礽原有君臣名分，替他说话是理所应当的。但要是允禩变成皇储，胤祯就要同他建立新的君臣关系，他又不是"八爷党"的人，于己不利。所以胤祯不愿有新太子出现，但是也不愿站到对立面去，以免将来遭到打击，所以对允禩集团保持着若即若离的态度。允禩的手下马尔齐哈，与胤祯关系不错，他成为双方的联系人。允禟、允䄉营救允禩时，原也拉他参加，胤祯没有应允，但知道他们备有毒药，准备在允禩出事时集体自杀。连这样机密的事都能得知，可知胤祯和他们有所默契，只不过不是一党。

胤祯对康熙表现出一副关切的样子，前面提到的他与允祉一道冒死劝谏康熙治病便是最显著的事例。他在康熙面前给包括允祉在内的诸兄弟说好话、打圆场，企图获得康熙的好感和信任，所以康熙说他度量过人，深知大义。

胤祯这样周旋于父子、兄弟之间，收到了联络各方面感情的实效，并获得晋封雍亲王的好处，但对康熙的表扬他却不完全接受。康熙知道允礽没有谋害父皇之心后，表彰胤禛是伟人行为，可是胤禛否认这是保奏允礽，不敢受这种嘉奖。因为允礽将来究竟如何结局，他无法预料，如果接受赞扬，被打上太子党人的标签，那就得不偿失了。观此一事，可见胤禛是个工于心计的人，可以说废太子事件锻炼了胤禛，为其日后争夺储位积累了经验。

允禩之子弘旺的《皇清通志纲要》说雍正在"一废太子"事件中，与允礽、允禔、允祉、允祺、允禩、允祥一道，都被囚禁过；西洋传教士马国贤的《清廷十三年：马国贤在华回忆录》则说，在第二次废允礽时，"皇子们站成一排，也是不戴帽子，手则被缚在胸前"，胤禛当然也不例外。废太子事件中诸皇子被囚、被绑，究竟如何解释，可以说研究者都难以理解。如杨珍就捆绑诸皇子事情说："这是否意味着他们与二废太子之间，还有某些更直接的牵连，或是与某些满洲习俗有关？史料不足，难以结论。"我的看法也是如此，只是推测：年长诸皇子在废太子事件中有的一度获罪，而有的并没定罪，可能因排行关系，康熙怕他们生事，以禁闭、责骂来警告他们。康熙在复立允礽的前夕，谴责舅舅佟国维不关心皇帝的健康，赖有诸皇子率领医人诊治才康复，而他却忙着为允禩当皇太子到处奔走，造成政局混乱，大臣、侍卫、官员等俱终日忧虑，像是没了生路，康熙因而说众人"既如此忧虑不安，朕躬及皇太子、三阿哥、四阿哥、五阿哥、七阿哥父子六人，亦必至于意志不舒"，不难看出，康熙是将自身和年长的皇子视为一体，利害相关，在政局不稳之时予以拘禁，不使他们做错事，事后释放，倒有保护之意。所以废立之事过后，并不影响康熙对胤禛、允禵等人的看法。

　　"二废太子"后，更多的皇子参加到储位争夺战之中，胤禛便是其中的一个。他在五十二年（1713年）便制定了完整的纲领、策略和措施。他认识到现在是"利害攸关，终身荣辱"之际，决心参加储位的角逐，争取不世之荣。他相信自己有做皇帝的命，他的党羽、福建道员戴铎告诉他，武夷山一个道士算定雍正是"万"字命，雍正高兴异常。马尔齐哈对雍正指天文谈祸福，大约也是恭维他有人主之分，胤禛以此增强自身及手下人谋位的信心。胤禛有此种迷信心理的动机与允祉、允禩、允禵一样，只要自己以为此乃天命所归，就能大大减少谋求皇位的精神负担，并能起到鼓舞下属士气的作用。

　　胤禛制定了处理父子、兄弟、朝臣、藩属诸种关系的策略，以争取各方面的好感和支持，发展壮大自己的力量。康熙处世精明，雍正因而认为，自己若表现得愚蠢，必然不入父皇的法眼，弃置一旁；要是聪明外露，又会被认为有野心，可能遭到打击，这两种表现都会使自己与储位无缘。为此，既要显现出自己有能耐，又不令乃父感到可畏，即不能重蹈允禩的覆辙。对待诸兄弟，要以废太子的暴虐为鉴戒，以友爱团结为上策，使有才能的不嫉妒，无才能的人来依靠。对百官则加意笼络，无论是亲贵、朝官、侍卫、汉人，都要和好相待，以便制造有利舆论，影响皇帝。对藩邸人员加以培植，培养自己的嫡系势力，作为依靠的核心。

雍正的活动手段是力图隐蔽，不露痕迹

上述谋位方针大多出自戴铎给胤禛的密信，可是他回复的批语却是：你说的虽是金玉良言，但对我来讲却一点儿用处也没有，因为我不想图大位。对自己的亲信，尚且如此真真假假，何况对待他人了。倘若真不想当皇太子，为何不告发戴铎引诱皇子谋求储位的大罪？胤禛这一手，只不过是遮人耳目罢了。

胤禛三番五次表态他对皇位不感兴趣，故而不收党羽，不树私恩小惠，与母族、妻族姻亲关系都很平常，与满汉大臣、内廷执事人员没有一个亲密往来的，私下里和亲兄弟也不怎么往来，有的人要投靠门下，还严加拒绝，似乎是个云淡风轻的人。可是他又说，像允禩等人那样营谋储位，倘若我想下场的话，他们能纠合人，我难道就不能纠合；他们卖私恩小义得名，我一样可以照着来。自信结党能力不会落后别人，其实这才是胤禛的真实想法。

雍正分封在镶白旗

按照清朝制度，胤禛能够分配到属下人，他们之间在名分上是主奴关系，即使其人出任高官，对本门主人来讲也是附庸。雍正自决定争取储位，就鼓励、帮助属人谋求官职。戴铎的哥哥戴锦，经雍正派人到吏部活动，出任河南开归道，戴铎在康熙六十一年由广西按察使升任四川布政使，沈廷正由笔帖式出任兰州府

同知，魏经国为湖广提督。年遐龄曾任湖广巡抚，康熙四十三年（1704年）已致仕，其女为雍正侧福晋，其子年希尧于康熙末年以布政使衔署理广东巡抚，又一子年羹尧为川陕总督。胤禛为了扩充财力，与自己的兄弟们一样做买卖，如用傅鼐到苏州贸易，还派人到浙江与英国人进行交易。允禩、允禵都招揽读书人，以获取好名声，胤禛亦不例外。还在贝勒时期，他便将清代考据学开创者之一的阎若璩延揽到府中，优加礼遇，所谓"执手赐坐，呼先生而不名，凡饮食、药饵、衣服及几研陈设诸物，罔不精腆"，阎若璩的朋友李塨（拒绝允禵招揽的哲学大家）劝他不要同权贵往来，然而阎若璩没有听从，病危之时才从贝勒府离去。

除此之外，胤禛还违反纪律私下结交官僚，通过马尔齐哈、年羹尧联络礼部侍郎蔡珽，后者以"学士不便与王府来往"为由辞谢，及至蔡珽出任川抚上门拜访，并推荐左副都御史李绂。胤禛乘戴铎往福建赴任之机，命其带礼物送给闽浙总督觉罗满保。

雍正自称"圆明居士""破尘居士"，著有释家语录《圆明百问》，编辑宣扬恬淡避世思想的《悦心集》。结交三教九流人物，同喇嘛教驻京大喇嘛章嘉呼图克图讲论佛旨，自云受其启迪甚多。又在北京西山重修大觉寺，用禅僧性音为住持。雍亲王府邸（今雍和宫）附近有柏林寺，胤禛平常即与该寺僧人来往。白云观道士罗清山死后，雍正特命内务府为其料理丧事，原因是他在康熙末年苦行修持，但这理由很难成立，显然是在雍亲王时期同他联络密切。

雍正行书扇面

　　隆科多原是允禩党人，后来他的家族转为允禵支持者，隆科多不再结党，取得康熙信任，五十年（1711年）取代"太子党"人托合齐，担任步军统领，五十九年（1720年）兼任理藩院尚书。他成为康熙的宠信大臣和忠实耳目，接受皇帝秘密使命，监视被囚禁的废太子和允禵，秘察宗室王公动向。他恪尽职守，甚得康熙欢心。六十一年（1722年）十月胤禛奉命清查京仓，隆科多为其成员之一，可能最迟这个时候成了雍正的人。

　　废太子过后，胤禛与兄弟间交往不多，唯与允祥关系密切。他们因为德妃的关系，很亲密，而且在允礽被废黜之前，他们还一块侍从康熙出巡。一次只有胤禛和允祥随驾，两人在一起写字，康熙令随侍大臣观看，所以两兄弟结交既久且深。允礽被废后允祥接着失宠，但他与胤禛仍往来密切，宴集唱和。允祥给胤禛的诗词、书信，后者保存的光诗歌就有三十二首。如今互联网上有些文章，认为"一废太子"事件中，胤禛、允祥同时获罪，而允祥把一切罪过揽在自家身上，使得胤禛脱身，所以雍正继位就重用他。此说不知何据，大约是想当然之词。排除此说，雍正、允祥的搭档早就建立，倒是实情。

雍正对其党人严厉控制，不容对他不忠

　　年羹尧是狂妄之徒，又是少年得志，没把主子看在眼里，从孟光祖事件中可知他与允祉有联络。他给雍正的书启，称臣而不称奴才，胤禛恼怒，回批大骂他是"儇佻恶少"，特别用来信中

的"今日之不负皇上（指康熙），即异日之不负我（指雍正）者"的话威胁他，说他引诱自己谋位，拿这封信当证据，随时可以向康熙告发，要他的性命。并令他将带到任所的弟侄、十岁以上的儿子送回京城，作为人质。戴铎不愿在福建做官，想告病回京，胤禛说他没有志气，鼓励他"将来位至督抚，方可扬眉吐气，若在人宇下，岂能如意乎"，即要死心塌地跟着主子谋取高位。

胤禛经营的小集团有其特点：形成在康熙晚年，比允礽、允禵、允祉等人的都要晚；成员不多，要人也少，与允禩、允禟无法相比，但是他的党羽关键时刻都能安排上用场，作用不可低估，这就是有的研究者所说的雍正拉拢人重质量轻数量；活动隐蔽性强，像戴铎给觉罗满保送礼，是通过其家人转手，而非直接面对面。特别要指出的是，胤禛喜欢利用与僧徒交游，为他的结党谋位打掩护。他兴建祠宇，与僧衲交游，把自己装扮成怡情自适、与世无争的"天下第一闲人"，令康熙产生他不结党、不营私的错觉，也给对手以无能为力的假象。

社会上总是传说允禩、允禟、允祉如何如何，大有被册立为皇太子之势，允礽的皇太子老皇历也没被人忘记，而胤禛则显得默默无闻。他的属人深感不安，五十六年（1717年）戴铎心急如焚地向雍正建议：台湾道员可以掌管兵马钱粮，何不帮他谋得这个职位，将来争储失败，也好有一个退路。戴铎这么悲观，除了表明胤禛集团势力还没有发展起来，也说明他们隐蔽活动，台面下的小动作不为外人所察觉，这对未来的成功很有好处。当他看到戴铎图谋割据台湾的建议时，胤禛心情不难想象该是何等凄凉。而当得知允禩笼络到大学士李光地弟子程万策后，胤禛嘴硬地说"我辈岂有把屁当香闻之理"，除了表示蔑视之外，能不为对手势力的膨胀而心焦吗？胤禛登极后说他经历世故多年，动心忍性处实在不寻常，这倒是实情，他经受了磨炼，也锻炼了能力。

顺治、康熙时皇子多交由内务府官员（皇家家奴）抚养，成长之后，往往将抚养之家的产业给予该皇子；或者由皇帝指令，妃嫔代育他人之子。前者如允禔、允祉都养育在官员之家，后者如允禩由允禔之母惠妃、允祥由胤禛之母德妃养育。胤禛与他们又不一样，而是所谓康熙亲自抚育，即由皇贵妃佟氏教养。大学士马齐之弟马武时任康熙侍卫，侍候雍正，故其于雍正四年（1726年）病故，胤禛念其早年的勤谨侍奉，特以伯爵规格赐恤。皇贵妃佟氏为佟国维之女，隆科多之姐，康熙二十八年（1689年）病危，被册封为皇后（孝懿仁皇后），胤禛认她为养母，而其生母吴雅氏出身寒微，原先隶属镶蓝旗包衣，祖父额参系膳房总管，父威武为护军参领，雍正继位后将其家族抬入正黄旗，这样的家庭背景不能为雍正增添光彩，所以他愿意认佟氏为舅家，而跟亲舅家的关系反倒平淡。这是他争取隆科多的机缘，可是也因此将自己同生母德妃的关系蒙上了阴影。

胤禛从学于张英、顾八代、徐元梦等人，除了延揽大学者阎若璩外，还曾请允禩侍读何焯帮助笺疏宋人王应麟的《困学纪闻》一书。又同僧衲交往，是以儒学、佛学均有根基。奉命教习

德妃画像

裕亲王世子保泰，显然康熙了解他的学识。胤禛精于书法，模仿乃父笔体出神入化，得到康熙的赞赏，每年都代写扇面，赐给臣工，多达一百余帧。他的才能，得到了康熙的认可。

对于胤禛的品行，康熙在四十七年说他幼年有些喜怒不定，并教导他遇事"戒急用忍"。说的是胤禛为人毛躁，容易冲动，感情用事，说过头话，办过头事。毛躁对于一个平常人都算缺点，官员摊上了尤其不妙，所以考核官员的标准，有一条是"浮躁"，若挨上这条评语，官就不好做了。对于皇帝，影响则越发巨大。康熙批评胤禛急躁，是按照对皇子的要求而言的，他深知此事的重要，当康熙旧话重提时，便奏称自己经过皇父教诲业已改正，而今已过三十岁，这个评语关系生平，请求不要记录在档案里，康熙接受了这份请求。胤禛在结党谋位时动心忍性，真是戒急用忍，喜怒不形于色。他之所以大讲禅学，大概也是用它帮助自己克服那个毛病。胤禛的策略使其成功取得了康熙的谅解，这个缺陷没有影响康熙最后选中了他，但是雍正当皇帝以后没有做好自我克制，老毛病时不时又犯。

康熙和雍正的父子感情不断亲密

前面说过，胤禛与允祉劝谏乃父治病，康熙非常满意，在痛惜嫡子被囚而自身患病之时，有儿子加以慰藉，当然感念于怀。据《清圣祖实录》记载，早在四十六年（1707年）十一月，胤禛奏请乃父临幸府园进宴，随后允祉也如法炮制。统计《清圣祖实录》资料，康熙先后驾临胤禛的圆明园和热河狮子园十一次，其中六十一年多达三次，有一次是诸皇子共请父皇，择地于圆明园，显然这时康熙十分乐意前往胤禛的园苑休闲散心。有一次雍正把儿子弘历引见给康熙，爷孙父子三人交谈，一时成为皇室佳话。

不只胤禛帮父皇写过扇面，康熙给胤禛也题过匾额、对联，如"为善最乐"匾额，对联有"种德在宽仁，俾昌尔后；立身惟忠孝，永建乃家"，胤禛把匾联悬挂在雍亲王府书院正室太和斋。康熙赏赐雍正"御赐朗吟阁宝"印玺，朗吟阁是圆明园内一处建筑，胤禛在此读书，以之为镇阁之宝。康熙令臣下推广《耕织图》，劝民农桑、男耕女织，期望生民勤业，天下太平。胤禛领会乃父之意，请人绘制《耕织图》，用他和王妃的脸形摹绘图画中的耕夫织妇，表示他们夫妇像农夫那样勤于劳作，生活在太平年间，以此讴歌康熙盛世，同时表示恬淡无为、与世无争。康熙与允禩关系紧张，诸皇子对待允禩的态度，和对待父皇的态度画上了等号。允禩罹患伤寒病，康熙在秋狝回京的路上叫胤禛派人去探视，随后胤禛以允禩病重，先行回京看望，康熙因此说他把护驾的事搁在一边，那么关切允禩，大概也是一党，就罚他同允䄉一起料理允禩的医药事务。其实胤禛以为乃父真心关怀允禩，所以才有那么积极的态度，等到发现误解父皇心意，赶忙到康熙面前分辩说自己不知轻重，请求治罪，从而取得谅解。雍正登基后，回忆往事，说康熙偶尔也对他不大满意，大约就是这类事情。雍邸伶人徐彩官打死人，本应抵命，康熙只判了流刑，显然是为照顾胤禛，不使他太丢面子，和在孟光祖案上顾恤允祉是一个意思。康熙给胤禛王爵赐号"雍亲王"中的雍字，具有多种含义，大约是取追求和睦的意思，他们父子关系融洽，虽然偶有小疙瘩，但都很快冰释前嫌，彼此的感情更为深厚。到康熙暮年尤甚，六十一年弘历得到康熙钟爱后，父子关系更上一层楼。

胤禛管理皇室寿庆、丧葬、祭祀事务，到了康熙末年地位已经比较重要了。康熙三十九年（1700年）皇太后六十大寿，胤禛主管进献寿礼事务，考虑周详，礼品得当。三十五年（1696年）、四十五年（1706年）胤禛先后至遵化，主持孝庄文皇后陵的祭奠。皇太后病危时，胤禛和允祉代传康熙谕旨，及至孝庄病逝安葬东陵，康熙无法亲去，由胤禛代为前往宣读祭文。康熙登极六十年大庆，亲去遵化东陵祭祀，胤禛率领允祹、诚亲王世子弘晟往祭盛京三陵。同年康熙圣诞，雍正奉命祭太庙后殿。

雍正参与一些国家事务

康熙第二次亲征噶尔丹，胤禛执掌正红旗大营。三十九年（1700年）随从康熙检查永定河工程，发现质量问题。五十二年（1713年）顺治淑惠妃薨逝，康熙祭奠时发现祭器祭品粗劣，命令胤禛处理，他查出应负责任官员如实奏报，使得光禄寺卿、工部尚书、侍郎、内务府总管等官员受到革职、降级、罚俸等处分。五十六年（1717年），胤禛同允祉等查处盗挖明陵事件。康熙末年，曹之璜勒索工部官员银两，在宫嫔常在（妃嫔的一种职位）丧事中，赶打轿夫，致使棺木落地，胤禛奉命审理此案，考虑到宦官索诈之事太多，不用重法，就不能刹住歪风，于是给曹之璜按大不敬律判处死刑，监候执行。六十年（1721年）会试，贡士以录取不公哄闹考官李绂府第，胤禛奉派与允祉率领大学士王顼龄等复核中式原卷。同年冬至，胤禛主持圜丘祭天礼。六十一年（1722年），因通仓、京仓仓米发放中弊窦丛生，康熙命胤禛率领恒亲王世子弘昇、公延信、尚书孙渣齐、隆科多、查弼纳、镇国公吴尔占等清查，众人检查仓粮存放，建议严格出纳制度，增建仓场，厉行奖惩制度。十一月初九日，以冬至将临，胤禛奉命到南苑斋所斋戒，准备代行祭天大典。康熙对祭祖，特别是祭天，历来看作国家大事加以重视，身体好时都会亲自参加，尤其是祭天等大祭，不用他人代替。他说天坛大祭，必亲祭方展诚心，五十年（1711年）的冬至虽患小病，仍坚持亲行，五十六年（1717年）冬至大病，派内大臣马尔赛代祭，而自身亦行斋戒。所以胤禛连续两年代行祭天，对他是件大事，反映康熙对他的看重。

雍正办事的特点是认真负责

事无大小，但凡康熙交办的，胤禛必能恪尽职守，完善处理。在他办事的过程中，透露出严肃执法的精神，主张奖惩严明，对违法者、渎职者，不徇情面，该揭发的、惩治的，绝不姑息宽贷，为的是严肃法纪，吏治澄清，提高行政效率。他这样做是有意识的，因为他主张严威政治，四十八年（1709年）春天随从康熙游猎于白洋淀，康熙痛责与允禩结党的鄂伦岱，当时还没有结党的胤禛说，皇父圣体刚刚好，不值得为这种人烦恼，对乱臣贼子，自有国法，若把他交给我，立刻把他诛杀。结合他判处曹之璜死刑的事例，可知胤禛是个言出必行的人，他的主张戴铎看得明白，曾对李光地比较了胤禛、允禩两个人的作风和政治观念，他认为允禩柔懦无为，不及胤禛聪明天纵、才德兼全，且恩威并进，大有作为。他的目的是为胤禛说项，希望李光地在康熙面前帮忙保荐，他对两人的比较基本上是中肯的。允禩是以仁义为纲领的，但讲仁义的多属维持现状之辈，不思进取；胤禛与他针锋相对，讲究恩威并施，实质是整饬积习，振作有为。由此可见，在储位争夺战中，不同派别的皇子的政治纲领也各有千秋，这也使得储位争夺成为朝堂政争的一部分。话说回来，胤禛以严威政纲而有自己的特色，对希望有作为的官员很有吸引力，不过多数官僚并不买账，这可能也是他不为舆论所注意的一个原因。

　　康熙拿他选择皇储的标准分析胤禛，认为他没有结党谋位，他说胤禛可能是允禩一党，实际并不认为他们有所勾结，不过是一时气话，或者含有警告成分。在他看来，隆科多原来不是胤禛党人，这时没有结党；年羹尧与允禟有牵扯，显然不是胤禛的贴心人；蔡珽等受胤禛拉拢，是在康熙去世前不久的事，他应该不会想到他们的勾结。胤禛的隐蔽活动，欺骗了康熙，大大降低了对他的警惕。有研究者认为康熙其实知道胤禛的勾当，但有意识利用他去对付允禩"八爷党"。我认为这样分析不见得符合康熙心理，因为康熙深知臣下结党的危害，严厉打击皇子拉帮结伙，怎么会用一派打倒另一派？再说允禩势力再大，也远远没到康熙无法处置，非要借助于另外一个皇子的力量来扼制他的程度。康熙说不立允禩就不立他，何需采取那样制造政局混乱、加强党争的措施？康熙讲究为政宽仁，按说不太可能会认同胤禛的理念，可是他也知道当时存在的问题确实不少，有一个胤禛那样的后继人来弥补一下，未尝不是好事。对于父子间的关系，康熙表示满意，说胤禛能够体会自己的意思，有爱戴之心，又能殷勤小心，是真正的孝顺儿子，这一点又符合了他选择太子的条件。如此看来，康熙心目中的胤禛是个有能耐的孝顺的好儿子，可以考虑作为皇储的候选人。

统观全局，成败渐明

明白了康熙对各个皇子的态度，便可以对皇储问题做一番综合分析了。

康熙五十六年（1717年）冬季百官奏请再立皇太子，康熙于十一月立了一份遗嘱，完全没有涉及皇太子人选，只是下令搞了一份皇太子礼仪，将诸臣的建议应付过去。康熙在允礽之外没有册封过皇太子，"二废太子"后储位始终虚悬。康熙认为没有皇太子并不要紧，他从历史上找到依据：清朝先前就没有立太子的习惯，宋仁宗三十年没有立太子。康熙不再立储，有三方面的考虑：

第一，长期没有合意的人选。太子是国本，应当慎重选择，特别是有了废黜太子的教训，康熙更知合适人选关系的重大。他对诸皇子都不甚满意，四十七年（1708年）在废允礽告天文书中说自己徒有众子，却都不如自己；五十二年（1713年）又说众皇子学问见识不坏，但不一定能在复杂政争中把持得住。

第二，国家只能有一个君主，不能让储君皇太子分散权柄。他认为皇太子年长，身边难免有小人，会结成朋党，不能尽臣子之道，难免与皇帝发生冲突。在事实上，自册立允礽之后，康熙无法容忍皇权被分散，他说诸皇子滥施威福，影响了他的威柄，而大权所在，岂可分毫假人，哪怕是让渡给名正言顺的皇太子。废允礽后若再立皇太子，康熙年老多病，从生理上讲需要太子协理政事，诸臣也是这样建议的，可是康熙坚持天无二日、民无二主，天下大权当统于一的观念，这样还是以不立皇太子为好。

第三，防止皇子间结党。康熙看到儿子们长大、受封了，各有各的势力与小算盘，若立了皇太子，正是大家攻击的目标，将会不断出现党争。这里要多说一句，认为康熙以颇有战功的允禵，或者胤禛为继承人的两派研究者中，皆有人认为康熙安排后事的妙棋是支持中意的皇子拉帮结伙。这种观点背离了一个基本事实，即康熙反感皇子结党，结党的皇子触犯了他的底线，怎么可能鼓励他结党谋位，又选择其为继承人！康熙何其厚爱允禵如此，或者康熙何其厚爱胤禛如此！这都说不通。在前文里我曾提到康熙选择皇太子的标准，在之后的时间里，康熙丰富了它的内容：

首先是反对皇子结党谋位，册立皇太子一定要皇帝独断。他深知结党谋位的危害，将会造成皇帝与皇太子、皇太子与诸皇子以及诸皇子之间的矛盾争斗，并把大臣卷进来恶化朝政，可能出现朝臣凭借拥立之功而独断擅权的危险。拉帮结伙大大影响皇帝选择接班人的权力，康熙从刘邦立太子受吕后干预、唐太宗立李治必须获得长孙无忌支持的历史中吸取了教训。康熙初立允礽时，还没有出现结党谋位的事，别的朝代立太子一般也不存在这个问题，康熙朝由于先出现了皇太子结党，接着有"二废太子"和诸皇子集团争夺储位，这种现实使得康熙不得不把皇子不拉帮结伙作为选择继承人的硬性指标。

其次，康熙要求继承人要能做到诚孝。据《清圣祖实录》记载，康熙在五十二年说，"今欲立皇太子，必能以朕心为心者，方可立之"，以"朕心为心"是个不容易办到的严格标准。古人讲孝，父母想要吃、穿、用的东西，要办的事情，还没有说出来，儿子先想到了，给老人预备、筹办了，甚至父母没有想到的，儿子想到了，去做了，这样符合父母的心思，才算得上纯孝。康熙经常对儿子们讲孝道，拿宋孝宗孝敬太上皇宋高宗、明宣宗侍奉母后当案例，但认为他们还做得不够：宋孝宗是定期朝见宋高宗，而自己服侍皇太后五十年，有事随时去商量，无事也是隔几天就去看望，表现出天伦至性，而不是预定日子，走走形式。他说的"以朕心为心"就是要皇储有这种纯孝：能体会皇父所想，以其意志为意志，想皇父之所想，做皇父之所欲做的事。所以孝道是康熙立太子的重要标准。

再次，皇太子要有才能。康熙说他的后继人应当是"坚固可托"的，说的就是这一点。皇帝要当好，要能维持大清王朝的江山，没有才能自然不行，否则天下就会大乱，臣民就要遭殃，江山就可能易姓，这是康熙所极不愿意看到的，也关乎着他的身后名声，所以必然要有这个条件。

康熙不立太子，但怎么可能不考虑接班人的事？他总是依照自己的标准，盘算着选哪一个儿子为储君。那些从来默默无闻的皇子不在他的挑选范围，拉帮结伙的胤礽、胤禔、胤禩、胤祥同样也给排除掉了，剩下来的年长皇子、少壮皇子、钟爱之子应该是他的考虑对象。康熙晚年的选择范围，不出胤禛、胤禵、胤祉三人。我在《雍正传》中写道："胤祉以年长有学识赢得康熙的重视，然无政治远谋和行政才干，很难是理想的太子；允禵有才有功，处于要职，应该说是康熙选择储贰的目标之一；胤禛以年长有才能及善于体会乃父的意图而获得好感，尤其在康熙季年得到重视，也可能是皇储候选人之一。"现在我还是坚持这个看法。这里要补充的是，康熙人生的最后几年，胤祉距离太子宝座越来越远；六十年（1721年）、六十一年上半年没立允禵，他的皇位之路蒙上了阴影，胤禛在康熙心目中的分量似乎在增加。而真正有能力竞争皇储的，也就在于胤禛、胤禵这对同母兄弟。由于康熙没有明确宣示过皇太子人选的意向，所以我这里只是一种分析，不敢说完全符合康熙心意。

（四）

继位异说析疑

在上一节中，我试图说明康熙末年诸皇子结党谋位的形势，康熙对接班人的要求和选择，以便说明雍正确实是被康熙指定的可能性。这一节将要交代雍正是怎样继位的，为什么说他是合法嗣统而不是篡夺，由于他的继位争议较多集中在权力交接之际，所以我将对各种说法逐一深入分析，以求疑案的澄清。当然，由于缺乏史料文献，自知不可能有满意的结果，只求能够自圆我说而已。

康熙驾崩：毒杀还是病逝？

六十一年（1722年）十一月初七日，康熙生病，从南苑猎场回到畅春园，初九日因冬至将临，命胤禛到天坛斋戒，以便代行祭天仪式，同时自身也宣布斋戒五日，不接奏章。十三日丑时

（凌晨一至三点）病危，召见允祉等七位皇子和隆科多，颁布立胤禛为继承人的遗命，同时把胤禛从斋所叫来，并改派镇国公吴尔占往代祭祀。当晚戌刻（十九至二十一点）康熙崩逝，隆科多向雍正宣布康熙遗命，连夜将康熙遗体送回大内，十六日雍正公布康熙遗诏，二十日即皇帝位，二十八日拟定康熙庙号圣祖，雍正元年四月将康熙安葬遵化景陵。雍正就这样奉命继承皇位，并料理康熙后事，尽了嗣子的义务。

在权力交接之际，若雍正合法继位一说成立的话，没有谋害康熙便是必要前提。进参汤的说法，正是针对合法说而来。康熙究竟是病逝还是被毒杀的呢？我认为病逝的记载是可信的。康熙说青年时期因政务殷繁和勤于学习，曾经大口吐血，但他酷嗜打猎，年年不停，身体原是比较强壮的，"一废太子"后，伤透了脑筋，损害了身体，病魔缠身。五十一年（1712年）自云须发尽白，心血耗散。五十四年（1715年）说右手不能写字，只好用左手写朱批，又说被允禵气得几乎心脏病发作。五十六年（1717年）夏天起有病，冬天腿肿得下不了床，脚穿不进鞋子，又自云过伤心神，身体不如往常。次年春天说只要稍微早起，就"手颤头摇，观瞻不雅"，遇到心跳过快时，"容颜顿改"。根据这些症状，我怀疑康熙患有较严重的心脏病和高血压症。

在这样的身体状况下，康熙承认现实，不忌讳谈死。他说在有年号的二百十一个帝王中，他在位时间最长，已经非常满足了。他死前的病情，据《永宪录》记载，康熙于初八日宣布："偶患风寒，本日即透汗。"时值隆冬，显然康熙得了感冒。而这种病最容易引起并发症，对于高龄体弱又有慢性病的康熙而言更不易避免，可是康熙几次传谕胤禛，说他的病体稍愈，显然对病情不够重视。基于这些情况，我认为，正是由于感冒、心脏病和高血压症并发，迅速夺去了康熙的生命。杨珍《关于康熙朝储位之争及雍正继位的几个问题》一文认为："康熙因感冒、疲劳引起心血管或脑血管病突发而暴卒的可能性是存在的。"在《清朝皇位继承制度》一书中更明确地说废太子事件，"对康熙帝造成的身心创伤，可以说是致命性的"。"他的身体和精力每况愈下，很快成为一位体衰多病之人"，可见康熙是"疾患缠身"之人。

　　20世纪80年代问世的《简明清史》，根据意大利传教士马国贤的记录，说康熙死前很痛苦、惨叫不断，怀疑发生谋杀。可是吴秀良也是拿马国贤的著作立论，说康熙发高烧，不是寻常的病，又据其他耶稣会士的著述，说康熙得的寒战病，病因系血液凝结，医治无效而亡。如今马国贤的著作可以得到更全面的解读，因为它的中译本（李国纲译）已于2004年问世。关于康熙的健康及死亡，马国贤的记载是：康熙六十年（1721年）的春天，米兰教士兼内科医生佛奥塔博士给康熙检查身体，结论是"陛下的健康状况非常好"。六十一年冬天，马国贤在畅春园附近的住宅，得知康熙在南苑"忽然染上了炎症，可能是因为气候的关系，这种疾病在中国北方没有像在意大利南部那样流行"。马国贤的书，涉及康熙健康状况的只有这些内容。一方面说身体状况好，另一方面说冬天得病。佛奥塔之说与康熙的身体实际情形不能说没有距离，他的诊断结果有可能是为了讨好皇帝，便于完成他的来华使命。马国贤对比中国、意大利的冬季疾病，表明康熙在南苑得的是感冒。就这个情形而言，传教士的记载不能说明康熙是非正常死亡。

那么，会不会是在康熙病危时雍正和隆科多合谋下了毒呢？这是不可能的，原因之一是康熙防人谋害的警惕性高，从废黜允礽开始，就极力注意保护自己，五十六年（1717年）说南朝梁武帝的台城之祸，隋文帝被逆子炀帝谋害，深知五福中的"考终命"为难得。这就是在警告乱臣贼子，不要想着对他下毒手，他已经做好防范。他身边太监魏珠、梁九功等人，与允禩、允禵交好，后来遭到雍正打击，他们怎会容忍胤禛一党随便接近御前下毒？至于传说康熙喝了含毒药的人参汤而死，其实康熙对人参汤特别反对。康熙在李光地于五十年（1711年）九月上的奏折中批道："汉人喜欢人参，其害人而人不知。"五十一年在苏州织造李煦奏折上的朱批，谈到江宁织造曹寅患病："曹寅原肯吃人参，今得此病，亦是人参中来的。"五十七年正月，江南太仓人、大学士王掞建议康熙吃些补血气的药，康熙说："南人最好服药、服参，北人于参不合。"如此反复表示他对服用人参的看法，表明康熙对人参极为反感。在参汤里下毒的说法，显然是世俗之见，以为康熙跟普通人一样，要下毒谋害使用人参最好不过，其实与康熙的实际远不相合。也有观点认为不是在参汤中投毒，是在其他汤药里放的，因此不用人参并不能排除他中毒死亡的可能。这样看问题就把事情离奇化了，本来传说进参汤就无根据，在这之外，又作不知是什么汤药的推想，是不是离事实会越

康熙帝画像

来越远?

康熙遗言：说了还是没说?

　　我在第一节披露《大义觉迷录》关于康熙遗言的资料，所反映的是雍正继位合法与否的关键细节。该资料记载康熙病笃召见允祉、允祐、允禩、允禟、允䄉、允祹、允祥七位皇子和隆科多，宣布："雍亲王皇四子胤禛人品贵重，深肖朕躬，必能克承大统，著继朕登基，即皇帝位。"据此，康熙宣布遗命的记载完整，时间、地点、人物、情节俱全，雍正是遵照遗命继位，应当是正常的、合法的。孟森、许曾重等认为它是雍正捏造的谎言，根本就没有康熙召见七位皇子宣布遗言的事，所以雍正属于非法继位。

　　我认为孟氏、许氏的质疑并不成立，《大义觉迷录》的记载是可信的。这份资料，需要同《雍正起居注》元年（1723年）八月十七日秘密立储的记录对照理解。十七日雍正于乾清宫召见总理事务王大臣、满汉文武大臣、九卿等，说明为什么要密建储贰，他说："我圣祖皇帝为宗社臣民计，慎选于诸子之中，命朕缵承统绪，于去年十一月十三日仓卒之间一言而定大计，薄海内外，莫不倾心悦服，共享安全之福。圣祖之精神力量默运于事先，贯注于事后，神圣睿哲，高出乎千古帝王之上，自能主持，若朕则岂能及此也。皇考当日亦曾降旨于尔诸臣曰：'朕万年后必择一坚固可托之人与尔等作主，必令尔等倾心悦服，断不致贻累于尔诸臣也。'"

　　这番话使我相信康熙临终前确实召见了七位皇子。

　　康熙仓卒之间决定传位雍正，所以紧急召见皇子予以明示。康熙眼看自己危在旦夕，而国无储君，再不决断，亡故之后将会造成朝政混乱，以致江山不稳，不但对不起祖宗，还使身后名声受损，故须立刻决定继承人；至于人选，早就集中在两三个皇子身上，这时允禵在数千里之外，火急宣诏也赶不回来，康熙驾崩之后就会出现国无君主的情形，在诸皇子持续十几年明争暗斗的严峻形势下，不就会爆发齐桓公死后五公子停尸不葬而争位的局面吗？早在四十七年（1708年）"一废太子"时康熙就设想过这种可能性，这时当然更意识到危机的严重性，在这种形势下，不必考虑对允禵的其他看法，单凭他远在西北这一条，就不能选择他。如此，继承人的选择就落在雍正身上。十三日康熙紧急召见雍正当是事实，如果雍正不召自来，置祭天大事于不顾，是违旨抗命，岂是康熙所能饶恕的。雍正奉召三次面见父皇，这时的紧急召见，当和权力交接有关。所以我认为，康熙为了皇位的稳定移交，临终前当机立断，指定已经在入围名单的胤禛继位，这就是雍正所说的康熙"仓卒之间一言而定大计"。

　　雍正是康熙所说的"坚固可托之人"，康熙临终便以此点而选中雍正。雍正转述康熙的这句话时，是自己对号入座，乾隆年间官修《清世宗实录》、昭梿作《啸亭杂录》皆同意雍正的说法，今日有人认为"坚固可托之人"系指允禵，我想从历史事实看，还是雍正更符合那个标准。把天下交给坚固可托的人，是说此人性格坚强，有才能，有威望，能够长久治理天下，绝不会让臣下受累牵连。胤禛、允禵都可以说是这种人，但从雍正继位之后的政绩来看，做到了嗣统顺利、政局稳定、政治修明。允禵能否做到不好说，但想超过雍正的成就，可能性恐怕不大。康熙临终之际，再次考虑雍正的才能，作出了对其有利的选择。

第三，雍正秘密建储制度的确定，是吸取康熙晚年皇子内斗的经验教训。仓促间确定嗣君，权力交接容易出问题。康熙临御六十多年，威德在人，一言便能决定大计，别人就不一定能做到，所以雍正看到早定储贰的必要，而康熙心中对皇储已有人选却不公布，启发雍正搞秘密建储。如果雍正不是康熙选定的接班人，很难顺着康熙的思想，制定秘密建储的不易家法。这一制度的实行，似可反证雍正确实是康熙临终指定的。或谓康熙已经在拟订秘密建储计划，由于猝死功亏一篑。其中不排除康熙已经写好传位允禵的密旨，雍正继位后发现而将之销毁。此说无资料支持，尚须讨论，故暂不采取。

康熙弥留之际，决定以胤禛接班，并召集皇子广而告之，是件合情合理的事情，雍正叙述的真实性确实存在。否定征召七位皇子宣谕的观点，我的辩难：

召见七位皇子宣布遗命的事为子虚乌有，涉及者慑于君威，无法戳穿雍正谎言吗？

雍正在七年说康熙临终召七位皇子，其时允禩、允禟已死，允祥是雍正同党，如果确实是雍正炮制的谎言，这三人本身就不存在揭发的可能。允祐，"心好，举止蔼然可亲"（康熙语），即便对雍正有看法也不会说，但允祉、允䄉、允䄉则不同了。允祉遭到雍正打击，雍正八年（1730年）允祥去世，皇帝亲自祭奠，允禩却故意迟到，毫无哀戚之意，与雍正对抗；允䄉于雍正元年被派往蒙古办事，擅自回京，在祈禳文中写"雍正新君"字样，表示蔑视；允䄉在雍正清理财政涉及他时，公然把家产拿到大街上贩卖，以示对抗。如果雍正当面造谣，说他们被康熙召去听遗命，他们当场不便揭发雍正，事后还不抓住这个把柄在底下大肆辟谣，把雍正搞臭，以发泄内心的愤怒？可是并没有这种情况发生，当事人不否认的事件，后人就更难以否定了。

康熙遗言是否为允禩在内的众人所知晓？

雍正说康熙驾崩当日，允禩在院中沉思，对派办事务不理不睬，又说那时允禟突然到他面前，表现出傲慢无礼的态度。研究者认为他们一痴一怒的神情，是突然听说雍正继位的消息，失望、愤怒的心情不可控制，才如此失态。显然他们没有亲自听到康熙遗命，也就是康熙并没有临终遗言。我也同样可以设想，允禩、允禟其实听过康熙的话，到父皇故世之时，他们梦寐以求的宝座落到了政敌之手，事态无可挽回，工于心计的允禩这时在凝思如何应付未来的局面，而鲁莽无能的允禟则表现失态。这也是一种可能，是他们正常的心理反应，不必是突遇变故的原因。

雍正说康熙宣布遗命时，允禄、允礼等四位皇子在寝室外等候；又说康熙宾天之日，隆科多先回京城，在西直门大街遇到在大内值班而赶往畅春园的允礼，告其雍正继位，允礼听后慌张地

允祥朝服画像

径回府邸。研究者据此指出允礼原来没有在寝室外，从而否定雍正所说传位给他的真实性。这里有两种可能，一是允礼凌晨是在寝宫外，后来因大内值班任务进城，夜间听说康熙驾崩又往城外赶，如此则雍正说的原没有错。二是允礼整天在大内，雍正说他早晨在畅春园寝宫外是说错了，这也难免，那天凌晨雍正在天坛斋所，不在畅春园内，听人说当时情形，把在寝宫外的兄弟多算了一个，也不是什么大漏洞，由此难于否定传诏事。至于允礼听说雍正继位而惊慌，是因初次听到这个信息受到刺激，在寝宫门外等候的皇子，并不是听遗诏的人。听遗诏的是皇十三子以上的年长皇子，在寝宫外的是皇十五子以下的年轻皇子，有着等第的区别。允礼原不知遗诏内容，他又是倾向于允禩的，这时听说传位雍正，有异常表现，原不足奇，同有无康熙遗诏之事没有什么关系。

　　或谓康熙既已宣布遗言，为何众人都不知道，听诏人难道还要为之保密？这不也是证明没有宣诏之事吗？不然，在康熙在世时是要保密的，原因与下个问题一块说明。

为何康熙不向雍正当面说出传位的决定？

　　当日雍正奉召见到康熙是巳刻（九至十一点），父皇向他诉说病势日臻的情形，显然神志清醒，可以把传位的决定告诉他，但为何不提这么重要的事，难道还要向本人保密？研究者这样设疑不能说没有道理，但是联系康熙十几年不立储的历史，就可以理解了。康熙自己不立太子，也不许臣下提这件事，于是不立储成了规矩。如果他的遗言早早透露出去，等于立了太子，不合他的意思；再说他的遗命也不是立太子，而是说让雍正在他死后即位，也就不能在他生前宣布，必须在死后由辅佐大臣传达。正是由于这样的原因，允祉等七皇子和隆科多就不能透露遗诏。因此在寝宫门外的皇子、勋贵、朝臣皆不知晓，继嗣的雍正也不应该知道。如果他在事前便已知晓，那必是隆科多偷偷告知或暗示的，雍正当然会装着不知道。所以不能以众人没有张扬，作为否定遗诏合法性的证据。

为何宣布遗命只有隆科多一个朝臣在场，他有资格吗？遗命是否为其所伪造？

康熙宣布遗命是在凌晨两三点钟，隆科多作为步军统领警跸畅春园，便于宣召，这时不可能通召宗室贵族和大学士。隆科多的另一个身份是外戚，他的姑母是康熙的母亲，他与康熙是表兄弟；他的姐姐是康熙的孝懿仁皇后（即雍正的养母），他们又是郎舅关系；隆科多的亲侄舜安颜，尚康熙第九女和硕温宪公主（雍正同母妹），他们也是儿女亲家。隆科多不是一般的外戚，而是外戚中的至尊。康熙认为确定继承人，外戚的影响，尤重于朝臣。四十七年令朝臣推荐皇太子时，特地令额驸、达尔罕亲王班第主持满汉大臣会议，表现出重视外戚的态度。当时隆科多之父佟国维休致在家，对立储一事表现了格外的兴趣，催促康熙立太子，引起康熙的反感。佟国维把立储当作自己的责任，也反映外戚与立储的特殊关系。康熙临终让宠信的大臣、近臣、尊贵的姻亲隆科多旁听遗诏，是尊重外戚的表现。按照风俗民间分家，要找舅家做主，皇家继嗣，外戚发挥作用也是正常现象。隆科多兼有外戚、近臣两种身份，完全有资格，待在现场的朝臣只有他一人，传诏的任务自然落在他身上。雍正五年（1727年）给隆科多定罪，有一条是他说过"白帝城受命之日，即是死期已至之时"的话，意思是传遗诏之人身为重臣，会被皇帝疑忌而有杀身之祸。隆科多说这话显然是要雍正看在传诏的分儿上，高抬贵手放他一马。如果他不是受诏传位雍正，他怎么能说这种话呢！由此倒证明他确实是康熙遗命的聆听人。

为什么雍正迟了六七年才说出康熙召见皇子宣诏的话，是为了弥补篡夺皇位的谎言吗?

雍正六年（1728年）发生了曾静投书案，供词中有雍正谋父篡位的内容，雍正为改变不利于己的舆论，认为有必要说明继位的真相，于是说了那些话，这是有针对性的。因为需要回答人们的疑问，并加以详细说明，完全就是正常现象，未必是在弥补谎言。我把他前后的言论加以对照分析，没有发现有什么不可解释的矛盾地方，反倒觉得两者互相补充、互相印证，更可以说明他之得位乃康熙授命，而非捏造遗言。

康熙遗诏：真实还是捏造？

前述康熙临终遗言，人们习惯上称为康熙遗诏，从一般含义上来说是可以的。其实它只是通常意义上的遗诏的一部分内容，即谁是皇位接班人的内容，当不是遗诏的全部，所以孟森将它称作"康熙末命"，甚为准确。它同雍正所颁布的康熙遗诏不是一回事，这里先说说二者的区别。

十三日康熙宣布末命，次日宫中传出大行皇帝命雍正继位的遗言，十六日颁布康熙遗诏，但只宣读满文本，御史汤保以未读汉文本参奏主管的鸿胪寺卿，雍正为之作了无力的辩解，实际是汉文本遗诏还没撰写好，无从公布。北京中国第一历史档案馆收藏的雍正颁发的康熙遗诏汉文原件，末署"康熙六十一年十一月十三日"。文件当然不是这天写的，康熙驾崩之日也赶不出来，十六日也没写好。雍正是二十日登基，宣读继位诏，无疑遗诏当是在二十日以前写讫。我把遗诏原件与《永宪录》、朝鲜《李朝实录·景宗实录》所录遗诏作过核对，发现只有个别字词有所不同，然无害原意。是以知此诏书实为雍正搞的遗诏原件，史书所载是据其抄录的（或由其抄件转录的），这是真正意义上的遗诏，至于其内容是否反映康熙的意志，那是另外一回事。

这份诏书包括三大内容，一是康熙对其毕生政绩的总结，二是命胤禛继位，三是命丧礼遵照礼制办理。细读这份遗诏，它与康熙五十六年给诸皇子大臣的面谕、手谕有很多相同的地方。前已交代，五十六年冬天至次年春天，朝臣因康熙病重请立皇太子，康熙不得已发表了一些谈话，于五十六年十一月二十一日召见诸皇子、满汉朝臣，作了长篇演讲，内容包括：近年身体欠佳；继位以来以敬天法祖为施政总方针；本朝得位正当，故能长治久安，其自身在位之久为秦汉以来帝王之冠；一贯处理政事详慎，且能节俭为民；因身体欠安，故今预留遗言，神志清爽所言符合本意，免得昏沉之时言不及义；论古代帝王的善终与正常传位的不易；宗室内部要团结。康熙还特别指出，将来遗诏的内容就是这些话了。此后，康熙亲自把它书写成文，大学士马齐等建议内阁、起居注馆各誊录一份保存，康熙指责他们处理不慎重，马齐等又建议把它作为重要文书，举行隆重仪式，在天安门外金水桥前宣读，然后刊刻颁发天下。是否这样做了未见史料，不敢断定，但康熙及朝臣对这份文件的重视程度是可以想见的了。

　　康熙既已宣布这个谕旨就是将来的遗言，雍正拟定的康熙遗诏，就以它为基础，作了一些文字加工。谕旨上有的话是康熙针对他已经登基五十几年发的感想，死后再照抄就不适合了，像是当时身体状况一类，就没必要写在遗诏里，雍正把这些内容删掉，剩下的就成为康熙遗诏的内容，从文字分量上来说主体部分还是保留了下来。这个遗诏中关于雍正接班的内容是："雍亲王皇四子胤禛人品贵重，深肖朕躬，必能克承大统，著继朕登基，即皇帝位。"遗诏的第三项内容紧接上文，"即遵典制持服，二十七日释服"。经过以上说明，可以得出如下结论：雍正颁布的康熙遗诏，不是康熙亲笔，但保留了康熙手书谕旨大部分内容；雍正根据继位的需要，增添了新内容，尤其是关键的继承人的指定。

这份遗诏一经公布，便成为胤禛继位的合法证明，当即起到维护雍正皇位的作用。它是否符合于康熙本意呢？这份遗诏的关键内容是命雍正继位，尽管康熙对自己的一生总结也很关键，但把政权传给谁则更重要。康熙在五十六年不谈继承人问题，现在由雍正登基，把隆科多口传的康熙末命补充进来，即使隆科多传达的是康熙原话，雍正鼓捣的遗诏里也不是康熙的亲笔，人们自然可以对它生疑。所以这个遗诏，还不能成为雍正合法继统的可靠证据。

然而，康熙遗诏由雍正公布，能说是以假乱真，反证篡位吗？这个判断合于逻辑，不过世事复杂，难以把它简单化。首先，雍正公布的遗诏以康熙五十六年谕旨为依据，不好说它全是伪造。其次，增添的关于雍正继位的内容，可以不予采信，但也不能排除它的真实性。若说它以假乱真，真的何在呢？真的又找不到，就不能断定它是作伪。再次，康熙生前便宣布过有遗言，新皇帝总得要公布大行皇帝的遗嘱，康熙遗言必然要让朝野知晓。还应看到，乾隆是"秘密建储"制度指定的继承人，有文书为证，但它也只是正式遗诏的一部分。乾隆即位，颁布雍正遗诏，关于未来政策的内容被加了进去，例如原来实行严厉政治，嗣君则要宽严结合，等等，这些话多半是乾隆的意思，不是雍正亲笔写的。但是没有人用这个内容证明乾隆作伪是篡位，同样，也很难拿雍正鼓捣的康熙遗诏来证明他是篡位。康熙遗诏的价值，与其说是在于它的内容，毋宁说是在于它的形式，因此，不必在遗诏公布这方面深责雍正。纵观历史，遗诏由嗣君替大行皇帝来写也是正常现象，无须过度解读。明白了这点，对理解康熙遗诏其实大有好处，而且杨启樵、陈熙远已有论证。杨启樵说"遗诏十之八九系后人所拟"。因为我说雍正继位之谜的纠缠不休，"最关键的是没有康熙亲笔遗诏"，陈熙远据此反问："试问古今又有多少皇帝曾于生前钦定自己的遗诏？遑论亲笔撰写。皇帝这一最后的命令往往并非皇帝所亲拟，甚至未及经过皇帝寓目钦定，本是公开的秘密。"

归结起来，所谓"康熙遗诏"，因出自雍正之手，不能充分证明雍正继位的合法，在没有发现康熙手书遗诏或其他过硬材料之前，也不能说雍正改诏篡位。一句话，"康熙遗诏"虽然不能确证雍正继位的合法，但是绝不是雍正篡夺皇位的证据。

回到那一夜：一切正常

前面说过，马国贤的回忆录中关于康熙死亡的记载已经引起学界注意，今据中译本看他是怎样记载康熙驾崩之夜雍正继位的事的，其时他在畅春园附近的住所，他是这样写的：

吃完晚饭后，我正在和安吉洛神父聊天。当时我们听到一种不寻常的低沉的嘈杂声，好像还有一些其他的声音从宫中渐渐响起。鉴于对这个国家的了解，我马上把门锁上，对同伴说：要么是皇帝死了，再要么就是北京爆发了叛乱。为了摸清这次骚动的原因，我爬到我们居处的墙头上瞭望。墙角下有一条马路环绕，我吃惊地看到数不清的骑兵，相互之间谁也不说话，骑着马疯狂地往四面八方去。几次看过他们的行动后，我终于听到一些步行的人说：康熙皇帝死了。我随后就被告知，御医们断定皇帝不治后，陛下指定了第四子雍正为继承人。雍正即刻继位，人人都服从了他。新皇帝关心的第一件事，就是装殓好他父亲的遗体，在当天晚上，由他自己骑着马，还有他的兄弟、孩子和皇亲国戚们随从着，更还有无数手持利剑的士兵们与他们一起，护送灵柩回到北京的宫里。次日凌晨，我和安吉洛神父及希普一起收拾行李，其目的是回北京去，以表示我们对康熙逝世的哀悼。

马国贤告诉我们不少信息：其一，康熙是病逝的，死亡时有御医在场；其二，雍正的继位，是康熙临终指定的；其三，继位之际状况正常，人人服从雍正；其四，雍正办的第一件事是尽孝子之责，装殓康熙，将遗体从离宫护送回大内；其五，神情严肃的骑兵四处奔驰，应当是传递与康熙故世有关的信息。值得注意的是，马国贤是事情发生后第一时间得到的消息，不是事后听闻他人从容编造的故事，他得到的消息作伪的可能性很小，换句话说可信度颇高。由马国贤的记述我得出的看法是：康熙是正常死亡，雍正是正常继位。我曾怀疑过他的记述，夜晚时分街上应该没有路灯，即便照明也会很昏暗，马国贤怎能在墙头看得见街道上人们的行踪？继而一想，康熙是死在阴历十三日，是在月中，月光会让人看出街道上的行人状态。因而释疑。

授传念珠，合法继位的佐证？

有一些记载，被视作雍正合法继位的佐证，不管对嗣位之谜如何看待，均宜作出分析。《永宪录》记载，传说授受之际，康熙把所戴的念珠交给了雍正。这个传说也在朝鲜流行，《李朝实录·景宗实录》记载，当年十二月朝鲜官员听闻清朝告讣使译员叙述，康熙临终召见雍正，把自己戴的念珠解下来交给他，并说："此乃顺治皇帝临终时赠朕之物，今我赠你，有意存焉，尔其知之。"这是说康熙没有明确告诉雍正让他接班，但以赠念珠作了暗示。顺治、康熙、雍正都是对佛教感兴趣的君主，身边多有念珠自是必然，可是临终赠念珠的事，似乎不可能。他死时二十四岁（实际年龄二十二岁），孩子又多，还不懂爱惜儿子，选择康熙为嗣子，又是依照昭圣太后的主意，他的遗诏放在撰写人麻勒吉怀里，死后才允许他人观看和宣布，似此不会有授康熙念珠的事。康熙有挂念珠的画像，一帧慈祥的老人像。他对念珠也不是太热衷，雍正辑录的康熙家训《庭训格言》里有关于念珠的话，康熙说人存善念，天会给他福禄，现在人们拿念珠念佛，但若心存恶念，持念珠又有什么益处。我分析，根本就没有康熙给雍正念珠的事，要是确有其事，雍正肯定大肆宣扬，可是从来没有见他说过这类话。他的手下人这么说，大约是取媚于他。后世主张雍正篡位说的小说家把这个授珠传说，变成为召允禵不来，而突然看见胤禛出现在面前，气得拿念珠砸他，他却以此作为合法继位的宣传，这当然也是小说家想象力丰富的臆构。

康熙喜爱乾隆并要雍正将来传位给他的说法，雍正登基时就有流传，其后乾隆更是不厌其烦地追述祖父对他的恩情。朝鲜人在得知康熙给雍正念珠故事的同时，还听说康熙临终召见大学士马齐，说我传位给雍正，而雍正第二子有英雄气象，必封为太子。雍正的遗诏讲到嗣皇帝乾隆，"圣祖皇考于诸孙之中，最为钟爱，抚养宫中，恩逾常格"，是以秘密建储，即以其为皇太子。乾隆生于康熙五十年（1711年），是雍正第五个儿子，序齿的第四子，而其头三个哥哥殇逝，他实际是老二。康熙六十一年三月雍正于圆明园宴请康熙，觉得乾隆经书已学得不错，才允许他参见乃祖，康熙见了高兴，赐居畅春园澹宁居，夏天带到宫中抚养，随侍热河，驻在避暑山庄里，康熙临幸雍正在热河的狮子园，带着乾隆回家，并召见乾隆生母。乾隆晚年回忆此事，说那时康熙见其生母，连连说她是"有福之人"。忖度乾隆的意思是既然母亲有福相，那个孩子是可以继承皇业的。换句话说是康熙要把皇位传给雍正，然后再由他来承袭。

后世史家亦有类似看法，如日本稻叶君山的《清朝全史》即持此种观点。由爱孙而及子，在明朝出现过。明成祖不愿立嫡长子明仁宗为太子，想立汉王朱高煦，朝臣解缙请立仁宗，说他仁孝，天下归心，可是成祖并不改变主意，但是解缙又说仁宗有个好儿子宣宗，成祖这才动了心，决定立仁宗为太子。所谓仁宗因儿子而得位，是有此因素，不过最重要的因素是他的嫡长子身份，这才是其被立为太子的根本所在。后人若把明成祖、仁宗、宣宗祖孙三代的故事，比附到康熙、雍正、乾隆身上，推测康熙由爱孙而及于爱子就不一定反映事情的真相。这种猜想的产生，还同认定康熙、乾隆都是好皇帝有关，即康熙看中乾隆是正确的，因而选上雍正也是自然的。但我想康熙若取不中雍正，再重视少年乾隆也对雍正继位没有用，不可能是由孙及子的。雍正继位与康熙对雍正、乾隆态度问题要综合考察，喜爱儿孙是相互促进的，因喜爱儿了而更加热爱孙了，因喜欢孙子而坚定选择儿子为继嗣的决心，康熙传位雍正的心理，可能有这样的因素。

　　还有一种雍正谦让的说法。从康熙死到雍正登基，中间有七天时间，为时是长了点儿，朝鲜人当时听到的解释是新皇帝屡次让位，以致拖延了时日。雍正八年福建汀州府上杭县出现一件文字狱。该县童生范世杰读了《大义觉迷录》，给学政上呈文，说三皇子遵照父命让弟弟当皇帝，而弟弟雍正三揖三让，最后才做了皇帝。学政和地方长吏把这话当作谣言审问范世杰是从哪里听来的，他说汀州府城里的人都这么说。看来在官方和民间都有雍正推让的说法。它以康熙传位雍正作前提，否则就谈不上揖让的事了。它要说明的是雍正遵奉遗诏继位，是合法的。这类传言纯属无稽之谈。康熙后期诸皇子激烈争夺继承权，哪有让位的可能。不要说没有真让的，就是虚情假意地推让一下也是没有的事。汀州传说把允祉牵扯上了，有着民俗的社会色彩。长幼有序，民间对此更重视，允祉是康熙能接班的最大的儿子，故而传言提到了他。这个传言无根据，不能用它说明雍正继位的合法性。这一传言倒使我们知道，关于雍正继位的传说太多，肯定的、否定的都有，都需要鉴别。

改诏盗名，改"十"为"于"？

否定七位皇子聆听康熙末命事和改诏篡位说，是从两个不同的方面，说明雍正继位的篡夺性，而改诏篡位说又增加了一层意思，即皇位本来是允禵的，但给雍正伙同隆科多非法剥夺了。

改诏篡位说的基本内容，如前所示，是说康熙传位十四子遗诏中的"十"字被改为"于"字，雍正因此继位。但这个说法相当混乱，有说是雍正改的诏书；有说是康熙把遗诏写在隆科多掌心，隆科多把"十"字抹去了；有说是雍正豢养的侠客参与篡改的；还有的说雍正的生母原来是卫某的妻子，带孕进宫，卫某居间帮助雍正改的诏。这些说法虽异，而情节只是改"十"字为"于"字，此外，又复杂一点儿的是增加改"祯"字为"禛"的内容，成了盗名改诏说。

这些说法中，有的显然是欲逞心臆之能的人的编造，卫某改诏说由吕不韦、秦始皇的关系改编而来，侠客改诏说是废太子事件中有剑客的影子和清代武侠小说流行的产物。改诏说的不能成立，主要是这种说法的内容不合于清朝的皇子称谓制度和文书制度。我们看清代实录，如《清圣祖实录》，提到太子、皇子，均是书作"皇太子""皇某子""皇某某子"，不写作"太子""某子""某某子"，即必须有个"皇"字。这是制度，与明朝不同，因为明代说太子就是太子，不必加个"皇"字，明了清代皇子称谓与书写制度，就不难看出改十字为于字说法的破绽了。

按照改诏说康熙遗诏原文是"传位十四子"，这就不合文书规定，人们就会问，这十四子是谁的十四子，是皇帝的吗，是皇帝的为什么不称作"皇十四子"？这样的诏书本身就失去法律效用。只有写作"传位皇十四子"才是合乎规范的，但是若把这里的十字改为于字，诏书变成"传位皇于四子"，这样文理不通的话，怎么能是诏书，雍正怎么能拿它去登基！再有，十字改为于字，在今天可以，因为"于""於"二字通用了，可是康熙时代不行，那时在诏书的关键部分出现以"于"代"於"的别字，这个诏书还是严肃的吗？还能为人所信奉吗？所以改十字为于字的篡位说，不合于清代制度，说不通，不能成立。这是就汉文遗诏讲的，如果康熙是用满文书写的遗诏，十字就更不能改成为于字了。因为讲改诏均是就汉文而言，《大义觉迷录》记载此事也是讲的汉文，故满文诏书的假设可以不必深究了。

盗名改诏说，比改"十"为"于"内容增多，似乎证据充足，可以充实篡位说，然而如前所述，它在改"十"为"于"方面并不能成立，此外，盗名也是根本不存在的事，何谈盗名改诏。盗名说在允禵改名上做文章，以其又名允祯为基本事实，认为康熙遗诏书写"允祯继位"字样，又推测说雍正原名不知叫什么，因"祯""禛"二字字形相近，改写方便，读音又相同或相接近，雍正改诏，把"祯"改作"禛"，又把皇十四子的名字改作允禵，不许叫"允祯"。这样涉及两个问题：一是雍正本名是什么，有无改名；二是他为什么给乃弟改名。这两个问题都可以弄清楚。由于本书第四节将有专题论述，这里仅作结论式的交代。

康熙十八年、二十七年、三十六年、四十五年间编纂的《宗室玉牒》，凡是提到皇四子名字的地方，汉文均作胤禛，满文与汉文字音相对。康熙五十年武英殿刊刻的《御制文》第三集第十四卷有《谕宗人府》一文，该文写于康熙四十八年三月初十日，内容是讲因复立皇太子而分封诸皇子，其中讲到贝勒胤禵封王，胤禛封贝子，在同一文献中有胤禵、胤禛两个名字，前一个是雍正的，后一个是皇十四子的，雍正名叫胤禛，这是千真万确的事，如果怀疑康熙年间纂修的玉牒被雍正改过了，不相信它，而康熙五十年枣梨的《御制文》集则不可能改动，这铁的事实说明，雍正本名就是胤禛，没有改名的事，盗名改诏又从何谈起！

允禵的名字，康熙年间修的《宗室玉牒》前后不一，早先的为胤禵，后来的为胤禛。雍正继位后又称他为允禵，我把这种情形称为给十四子恢复原名。

易"十"为"于"的改诏篡位说，经过用清代制度来辨析之后，史学研究者中已没有人坚持这一说法，虽然仍有研究者认为这是传说，传说当然不会那么准确，但必事出有因，不可纠缠在"十""于"等字上，仍然认为有改诏一事的存在，不过既然提不出具体改诏说法，就无从讨论了。盗名改诏说提出后，似乎没有赞成者。改诏说不能令人信服，表明雍正不是改诏篡位的。

传位允禵，征召受阻？

主张传位允禵的学者，秉持下述几种观点，但这些说法都值得商榷。

其一，隆科多违旨不召允禵？

传说康熙病笃下旨征召允禵回京，隆科多扣住圣旨致使允禵不能回京登基。如果真有这个诏书，依照清代圣旨撰写和颁发制度，它应由内阁承办，拟成文字，由兵部所管的驿站递送，即使皇帝亲手书写的，也由内阁发出，驿站送发，隆科多不是内阁大学士和兵部尚书，怎能一手遮天，阻止得了康熙召回允禵谕旨的下达！显然不太可能有下诏的事，而后允禵回京，是遵照雍正的谕旨行事的。我在前面说过，对允禵的出征，雍正说是康熙厌弃他，这是歪曲事实，但是雍正同时说：逆党相传，"圣祖欲传大位于允禵，独不思皇考春秋已高，岂有将欲传大位之人，令其在边远数千里外之理！虽天下至愚之人，亦知必无是事矣"。这个说法就有道理了。康熙岂会允许自己弃世，多日没有君主，他不会虑不及此，也就不会有病危征召允禵的事。

其二，玉牒是否有暗示传位允禵的资料？

孟森有此怀疑，并且把隆科多私藏玉牒之罪与此联系起来，这是由于孟氏没有机会检阅玉牒造成的误会。读过清代所修玉牒的人就会释疑了。玉牒的编纂体例，不会出现什么暗示。康熙玉牒的横格本、直格本记录皇子的名字、生年、妻妾、子、受封情况以及已死者的说明，别无其他内容；玉牒帝系，对康熙皇子列表，若系允礽为皇太子年代修纂的，中间为皇太子允礽，两侧按昭穆排列。这样玉牒写皇太子之外，其他皇子依长幼之序书出，内容是规格化的，不会对某皇子作任何特殊地位的暗示，允礽自也不能例外。至于隆科多私藏玉牒，会不会在玉牒中抓住雍正什么把柄的怀疑，似乎也应由获知玉牒体例而打消。

其三，文书中将大将军王抬格书写是误认允禵为新皇帝？

《永宪录》记载，雍正元年五月，云贵总督高其倬因在奏疏中把"大将军王"与"皇帝"同作抬格书写，被革职留任，该书在著录康熙遗诏时，将命"雍亲王皇四子胤禛"即位中的"禛"字书作"祯"字，有的研究者把这两项资料联系起来，认为在边疆的高其倬以为新皇帝就是大将军王允禵，说明允禵应是康熙指定的继承人。《永宪录》把康熙遗诏中胤禛书写为胤祯，《李朝实录》的著录也是这两个字，《永宪录》《李朝实录》是照遗诏原件的抄件抄写的，抄录中有笔误，这是不应有疑义的。文书中"大将军王"抬写是清朝制度，《佳梦轩丛著》记载，清初凡奏章有亲王、郡王、贝勒字样都抬一格书写。雍正三年（1725年）工部文书将廉亲王允禩抬写，大学士请给工部处分。《上谕内阁》记载，雍正四年上谕："彼此衙门咨文往来，凡王公字样，自应抬写。"这些记载说明，王公抬写，原是规矩，不过雍正朝有时故意拿这整饬政敌允禩、允禵，从而参劾按规矩书写的官员，这不表示大将军王、廉亲王字样不应按敬体书写。把大将军王和皇帝一样抬头书写，也不是把两个人当作一个人。同时高其倬也不是那种糊涂官，他于康熙六十一年二月署理云贵总督，雍正继位后的十二月将其改为实授，他怎么可能不知道谁提升他的呢？再说雍正从十一月即位到次年五月已有半年时间，昆明离北京再远，高其倬也应多次接待首都来人了，还能分不清皇帝是雍正还是大将军王允禵？总之，大将军王抬写的文献，和传位允禵的传说不是互相印证的资料。

其四，允禵见雍正的傲慢态度，能说明是雍正夺其继承权的心理反应吗？

雍正继统，立即征召允禵回京，两兄弟首先在康熙灵柩前相见，允禵唯知哀号，对乃兄不事祝贺和亲近，雍正向他走去，他不理睬，侍卫拉锡提醒他，他还向侍卫发脾气，弄得雍正下不了台。后来雍正降旨训饬他，他也不服，还是允祺劝他，他才接旨。有研究者见到这些事实，认为这是雍正夺其帝位，故他表现出对乃兄的鄙视态度。允禵和雍正是激烈的皇位竞争者，现在大位落到对手手里，不管他继位合法与否，以失败者的沮丧情绪，也不会去祝贺仇人，何况允禵是心高气傲的人，多年被人奉承，现在地位骤变，一时感情上确实接受不了，故有桀骜不驯的表现，未必是雍正夺他的帝位他才这样。允祺劝他，乃是在新形势下应采取的正常态度，这两个人性格不同，处理与新皇帝关系手法不一，这就不好说是对雍正继位看法不同产生的。

其五，仁寿皇太后之死与"传位允禵"是何关系？

康熙死后半年仁寿皇太后暴卒，当时人传说她是自杀的，说她因雍正虐待允禵、允祺，常同大儿子吵架，而且雍正不给她尊号。现代研究者有根据她说过"钦命予子缵承大统，实非梦想所期"的话，认为她不以雍正继位为合法，似乎她以为小儿子允禵才是康熙理想的继承人。雍正生母吴雅氏，为康熙生了三个儿子、三个女儿，是康熙两个生育子女最多的妃子之一，被封为

"德妃"，封号是盛赞其为人的。雍正继位后，她拒绝移居皇太后的慈宁宫，不接受雍正拟议中给她上的"仁寿皇太后"徽号，不同雍正合作。原因可能是不满意大儿子欺辱小儿子，天下做父母的总有偏爱幼子之心，处处想关照允禵，却一点儿也做不到。眼见允禵被处罚，被囚禁到景陵，母子不得相见，心里该多么难受，受着多么严重的煎熬。有研究者认为她原来有气管炎、哮喘病，性格倔强，不跟雍正妥协，受气而亡，所谓"逼母"，有这个成分。我觉得说得有道理。她是否撞死的，应当是不可能的。"德妃"不会做出这样的事，给康熙丢脸。

上述诸种传位允禵的论点，所据资料或为经不起推敲的世俗流言，或为对某些史料的误解，不能够证明康熙要把皇位交给他的第十四子。

年、隆权重，屠戮除患

雍正继位，立即令隆科多为总理大臣，承袭其父佟国维死后康熙久未封给的公爵，出任吏部尚书，仍兼步军统领，又赏太保衔，称之为"当代第一超群拔类之稀有大臣"。允禵被调回京，年羹尧即奉命协助大将军延信办事，实际揽了出征军部分军权，随即以抚远大将军讨平青海罗卜藏丹津之乱，受封一等公，干预朝廷内外政事。世事嬗变，雍正三年年羹尧被赐自杀，六年（1728年）隆科多死于圈禁处所。

为什么会有年羹尧、隆科多大狱，孟森说雍正得位，"内得力于隆科多，外得力于年羹尧"，杀他们是为消灭篡位活口，持篡位说的研究者用以说明他们观点；持雍正合法继位说者，则认为年、隆之诛与他们结党擅权有关；还有人认为是他们妨碍雍正政治改革才招致灭亡的。我相信第二种说法。

（甲）如何理解雍正说隆科多是他的"功臣"。

雍正继位不久，告诉年羹尧，隆科多是"圣祖皇帝忠臣，朕之功臣，国家良臣"。孟森说一般的顾命大臣，称不起"功臣"，雍正嘉许隆科多为功臣，必是隆科多有了扭转乾坤的帮助篡逆的作为。

雍正继位时的形势很严峻，试想储位争夺已有二十年的历史，早在十八年前诸兄弟就要动刀动枪，那时有康熙在，能压住阵，现在权威消逝了，兄弟间服不服，会不会对嗣君动武，嗣君要不要在流血的土地上登基，都是问题。

雍正在即位之际，采取了一些非常措施，据《永宪录》记载，自康熙逝世的次日起，关闭京城九门，直到十九日才打开放人行走，雍正诸兄弟不得令旨不许进大内。雍正二十日登基，距离康熙故世时间已过了几天。朝鲜国王觉得清朝告讣使也出发得晚，这些异常现象也是篡位说的立论凭据。在非同一般形势下的帝位的嬗递，必有一些非常的措施，不如此不能完成政权的交接和延续。所以，不管是雍正上台，还是允禵嗣统，或是其他皇子继位，也不管是康熙指定的、自立的，或者篡位的，均会采取相应的非常措施。因此雍正采取这些办法，同篡位没有必然的内在的联系，不必把它们掺和在一起论说，我在这方面也不多作分析，倒是在这种形势下，隆科多起了什么作用，值得说道说道。

　　隆科多作为顾命大臣，不仅要传达康熙末命，还要使它顺利实现。他的步军统领之职，正式称谓是"提督九门步军巡捕三营统领"，辖兵一万多人，不归兵部管理，直接对皇帝负责。该部队保卫皇帝，维持京城治安，还负责全国各地的重大案件的搜捕，是清朝的特种保安部队。隆科多用他的巡捕营控制京城治安，保护雍正安全，使雍正的即位和初政没有发生任何事故。雍正登基，隆科多严密防止暗杀的出现，如一次雍正出宫祭祀，隆科多说有刺客，先在祭案下搜查；又一次雍正往遵化东陵祭奠，隆科多提醒雍正：诸王要变心，要严加防范。雍正知道政敌在继续活动，非常警惕，也很紧张，生怕发生变故，这种心情在给年羹尧的朱谕中多次流露出来。元年（1723年）初夏，他送康熙灵柩到遵化，"一路平安，内外无事""内外人情光景照春一样，又觉熟练些，总之一切如意，出于望外之次第顺遂也"。秋天又写道："入秋以来，朕躬甚安，都中内外一切平静。"次年春天，他说举行耕藉礼、诣太学临雍的那两天，"天气和畅，人情顺悦，诸凡如意，都中内外平静"。

　　他庆幸于政局稳定，而造成这种局面的原因是多方面的，隆科多无疑是帮助雍正控制政局和社会治安的重要角色。雍正说隆科多是康熙的忠臣，是指他遵循康熙末命，保证雍正嗣位，因此忠于先帝；说他是自己的功臣，则指其完成顾命使命，同时协助自己坐稳江山，因此有功。再说雍正对功臣一词的使用，并不那么严格，他在浙江总督李卫、湖广总督杨宗仁的奏折朱批中，分别说他们是自己的功臣，甚至在署理凉州总兵官宋可进奏折朱批上也写有"尔系朕之功臣"的字样。杨启樵说功臣两字，是雍正信笔而出，别无深意。我要补充的是雍正当然不是把功臣一词赐予每一个臣下，运用时会有所考虑，特别是对隆科多使用忠臣、功臣、良臣等不同词汇，是为区别内涵，如我们上面所说的，不同于赞扬他帮助篡位的含义。

（乙）年羹尧功在遏制允禵。

雍正即位时，年羹尧和允禵均在西北，研究者把这二人联系起来，有说年羹尧有钳制允禵的功劳，使雍正顺利篡位，有说年羹尧不起这个作用，他的功绩在青海。允禵拥兵十几万，如果雍正改诏篡位，他可以拒不奉召，起兵讨伐篡逆者，即使他确信雍正是遵奉康熙遗诏继位，他也可以利用远征军称兵犯阙，但是他没有动武。究其原因，首先，他不能否认雍正是合法继承，或者不能确定继位的合法与否；其次，基于造反无由，八旗兵和绿营兵又不是他的家丁，不会听他指挥作乱；再次，就是年羹尧的钳制、威慑作用，允禵要从甘肃进军北京，必从今陕西、宁夏通过，而这些地区以及甘肃、四川都是川陕总督的辖地，允禵一有行动，年羹尧就会发兵阻扼，且会截断允禵军队粮饷武器的供给，这样允禵要想穿过年羹尧的防区是有相当困难的。允禵纵或有造反之心，想到这些也不会动兵了。或者他从来就没有考虑过用武的事。但是年羹尧制扼允禵的客观作用是存在的，当时四川布政使戴铎分析形势，向巡抚蔡珽建议说，恐怕允禵要和年羹尧打仗，我们要以死拥戴皇帝，向年羹尧提供兵丁钱粮，助他成功。尽管战争没有爆发，年羹尧的制扼之功却不可不看到。

（丙）年羹尧、隆科多死于结党擅权。

隆科多和年羹尧，一内一外，紧密配合，京城和地方都相安无事，雍正嗣位一切顺遂，这二人都是雍正的功臣。和隆科多一样，年羹尧的功劳也只是在赞助嗣统，而不是篡夺之功。然而细究起来，这时隆科多之功高出于年羹尧，所以雍正多多奖励他，及至年羹尧有平定青海之功，大大提高雍正的威望和政权的稳定，势炎反超出于隆科多。如果年羹尧是帮助雍正篡位，青海之功再大，也无逾于此，由此反映年羹尧不是协助雍正篡逆，因此雍正也不必早存杀他灭口的心思。

至于野史中说年羹尧是雍正生父，帮助篡位。经研究者考证，年羹尧生于康熙十八年（1679年），雍正比他大一岁。是啊！世间哪有未出世的人先生养儿子的奇事，似此无稽之言不值得史家浪费笔墨。

年羹尧、隆科多那样受雍正重用，何以招致灭顶之灾？雍正对年羹尧、隆科多宠异太过，年、隆不知自处，骄恣自遂，结党营私，作恶多端。雍正要收回丧失的权力，就得以他们的性命作代价。

年羹尧因军功上报的奖励名单，吏部特殊对待，视作"年选"，优先授职升用。隆科多执掌吏部，把经办的铨选称为"佟选"，表明他掌握的是不同一般的用人权，而是超越吏部尚书所应有的权力。顺、康间有过吴三桂的"西选"，至是而有"佟选""年选"，可见隆科多、年羹尧在用人上的专恣不法，滥用私人。

年羹尧妄自尊大，违法乱纪，不守臣道。他给内阁写呈文，不依规矩，竟有"右仰内阁"字样，形成知照，竟然和内阁"平起平坐"，没有把它看在眼里；给同级的将军、督抚文书，不用应用的咨文，径用令谕形式，把同官看作下属；他编辑《陆贽奏议》，自撰序文，却要雍正承认这是雍正的"御制文"，而皇帝的恩诏到军中，不依规则设香案跪听开读，尊君之意皆无；他还贪赃枉法，后来定罪时，贪婪、侵蚀罪达三十三款之多。

隆科多比年羹尧知道检点，但人臣之礼也注意不够。

隆科多与阿灵阿、揆叙、鄂伦岱这些当年拥护允禩为皇太子的人结交，雍正要惩治他们，隆科多予以包庇。他同时屡次奏参允禩，定要将后者置之死地，雍正因此说隆科多的心意在于除掉允禩以利用他的党人建立自己的党羽。傅鼐、戴铎、沈竹等人原是雍邸旧人，隆科多不顾法纪，意欲与他们结好，雍正命隆科多考察傅鼐违法事，他回奏傅鼐安静不生事，为其诈骗银两打掩护。

年羹尧利用推荐人的权力，在辖区内控制官员，打击异己，还把亲信安插到其他地方。年羹尧的为人甚为跋扈，在雍正亲信的大臣内部制造矛盾，嫉妒怡亲王允祥，中伤河南巡抚田文镜、山西巡抚诺岷等人。

年羹尧、隆科多的权势，使雍正产生警惕心理和好胜心理。雍正是政争中的过来人，深知臣下结党对君主的危害，此时正着力于反对朋党，而年羹尧、隆科多不知禁忌，分别联络党羽，雍正岂能相容！治罪年羹尧时，严惩了他的党人，并对歌颂过年羹尧功勋的人，制造了钱名世案、汪景祺狱，与隆科多、蔡珽、科甲朋党有牵连的内阁学士兼礼部侍郎查嗣庭也身死狱中。由此可见，反对结党乱政是雍正大兴年、隆之狱的一个重要原因。

雍正本来是好于自胜的人，以察察为明，自视雄主，可是年、隆权重，特别是年羹尧，狂妄不守礼法，以至雍正难堪，如他要求把他的《陆贽奏议序》作为御制文，雍正为迁就他答应了，但不好接受臣下的"命令"，就说你坦率地提出来，可见君臣关系好，我也在写序，但尚未写完，你写了正好可用，以维护自己的尊严。雍正二年（1724年）冬天年羹尧进京，傲慢太甚，大臣在城外迎接，他策马而过，诸王下马致敬，他也只是点头而已，这样舆论就对他很不利，并且涉及雍正，说恩威赏罚出自年羹尧，皇帝为他所左右，这给雍正自尊心以很强烈的刺激，因此于十一月十五日发出上谕，加以辩驳，说"朕岂冲幼之君，必待年羹尧为之指点"，诸事又岂年羹尧所能定夺！又说："朕之年长于年羹尧，朕胸中光明洞达，万几庶务无不洞达其隐微，年羹尧之才为大将军、总督则有余，安能具天子之聪明才智乎？"雍正自尊心受到损伤，才萌发出对年、隆进行报复的心理，而他们擅权自专、结党乱政、贪婪不法，则是处死他们的正当理由。惩治之后，雍正进一步强化君权。对年羹尧、隆科多可以压制，不必致死，雍正这样的处理，是他本人的残忍性与君主权力绝对性结合的产物。年、隆之死是杀功臣，但不是屠戮帮助篡位的功臣，它是惩治犯了严重政治错误的重臣，以收回损失的部分皇权，这同嗣位正常与否无关。年、隆之狱，不能成为篡位说的有用证据。

"鸟尽弓藏，兔死狗烹"，在历史上有一定规律性，因此人们得出功臣不可为的结论，汪景祺就写出过专论，警告年羹尧，这当然是就他青海之功而言的。后世研究者因知屠戮功臣史，很容易把年羹尧、隆科多之狱联系到杀功臣上，更联系到篡立之功。所以提出这个看法并不难，而辨明却并非易事，故年、隆之狱谈者尽多，与雍正嗣统关系还有待深论。

至此，我还想说年羹尧、隆科多的专擅，与党争形势下雍正继位密切相关，这倒不是他们帮助篡位，而是利用党争中皇帝权威的削弱去擅权自专。康熙早就预见到储位斗争会有这种后果，果然在雍正初年出现了，"年选""佟选"现象，与"西选"一样只能发生在非正常时期。雍正在政权稳定后，收拾年羹尧、隆科多，收回臣下所不能有的权力，如此说来，年羹尧案、隆科多案的出现倒有其必然性。

分化瓦解，囚兄屠弟

雍正即位后，对允禩、允禵集团的成员实行分化瓦解、打拉结合的政策。给允禩优宠，封为廉亲王，总理事务王大臣之一，以推荐允禩为皇太子的倡首人之一、大学士兼尚书马齐为总理事务大臣，将允禵软禁于景陵，允禟发配青海，允䄉革去郡王，永远圈禁，对允礼，因允祥保荐，逐渐置于亲信地位。对这些人的处置，是精心安排的：允禩为首领，先以宠信而笼络控制之，不致发生变乱；允禵多有支持者，性情又强悍，不囚禁不足以制裁；对允禩等人的打击，是杀鸡儆猴，令允禵党人畏惧、离散。雍正的政治手腕实在是高明。雍正在继位元年就大讲反对朋党，二年七月颁布《御制朋党论》，矛头所指虽也包含年羹尧、隆科多等人，但主要是允禩、允禵集团。四年（1726年），将允禩、允禟革出宗室，分别改名阿其那（满语，其意不明，研究者认为有狗、畜生的意思、像狗一样令人讨厌、夹冰鱼、俎上鱼等理解）、塞思黑（满语，研究者未能有统一的认识，可能是猪、肥如猪的意思，令人厌恶的意思），并暗害致死，将鄂伦岱、阿灵阿的儿子阿尔松阿斩首，允禵改因于京城景山。由是彻底粉碎十几年的敌对集团。

阿其那、塞思黑之狱的产生，篡位论谓允禩等人看不起夺位的雍正，揭露他的罪恶，允禩不惜以死来暴露雍正，使其恶名昭彰。其实雍正迫害他们的缘由之一是允禩集团不甘心失败，对新君进行或隐或显的斗争。允禩受封亲王后，和王妃向朝臣、亲友散布对雍正的不信任言论，公开说雍正会杀他，表示和新君对立。允禟不买嗣皇帝的账，更加显露，以至允禩提醒他隐蔽一些。允禟母亲宜妃，不顾礼节，在德妃之前跑进康熙灵堂，没有把雍正看在眼里。他们制造雍正篡位的言论，四处传播，使民间关于雍正继位的认识更加混乱。他们在朝臣中和社会上的影响相当大，允禵被召进京时朝臣对他非常恭敬，雍正元年夏天，社会传言皇帝要任用允禵为总理事务大臣，但他提出罢黜隆科多、年羹尧为上任的先决条件，自然没有这样的事情，然而传说表明允褆有威望。雍正四年有人在天津把"十月作乱，八佛被囚，军民怨新主"的传单塞到官员的轿子里，还有人把它刊刻出来，"八佛"显然是指允禩；"十月作乱"，雍正出生在十月，可能是说雍正篡夺皇位。由此可见民间对允禩的拥护。同时期有人往允禵在景陵住处投掷"二七便为主，贵人守宗山""以九王之母为太后"的字条。二七一十四，分明是希望"十四爷"做皇帝，把雍正赶下台。

允禩、允禵集团在康熙故世后仍是一股不小的政治力量，雍正当然感觉到了，采取了分化瓦解政策，同时防范对手发动政变。他宣布凡是仍和允禩结党的人，以叛国罪严惩。他说他同允禩等兄弟关系，远不及康熙与诸皇子的父子关系密切和尊卑有序，那时允禩等尚敢妄行乱动，如今更应当严加防范了，因此他除了去遵化祭陵，不出京城一步。他多次侍从康熙出塞秋狝，自己却不敢去，怕的是京中发生变故。雍正还是爱记旧仇的人，康熙间允禩、允禵的声名超过雍正，他是既忌妒又怀恨，掌权后有条件报仇了，没有忘记施行自己的权力，经常给对手出难题，如允䄂犯事，令允禩审理，允禩提出的处理意见，轻了说是包庇，重了说是故意扰乱政事，允禩真是没法处理，最后雍正说了实话，表示自己这是故意为难他。雍正鉴于对允禩集团的政争性质和新仇旧恨的积累，最终决定从肉体上消灭允禩、允禟，以除隐患。

雍正和允禩集团的斗争，前后有两个阶段，康熙时代是互相争夺储位；雍正时期，允禩、允禵及其社会力量不甘于失败，进行隐蔽斗争，企图推翻雍正的统治，建立他们的政权，从而使这个时期的斗争具有夺取皇权和保卫皇权的性质，它是前一阶段斗争的延续和发展，从全过程看，是争夺储位—皇位的政治斗争。经过后一阶段，雍正的权威加强了，政权巩固了，但他对骨肉太残酷，落下了骂名，也付出了沉重代价。至于说允禵应得皇位，雍正的屠戮弟兄是掩盖篡位劣迹，却是冤枉了他。还可以设想一下，假若是康熙指定的皇子继位，又或是其他皇子矫诏继立，多年的争储斗争就能因康熙的故世而立刻消失？大家就那么尊重新君，不给他出难题，不和他争皇位了？其实一样会把前朝的争斗继续下来，新君也会给政敌以无情的打击，只是程度可能有所不同，或大不同，所以雍正继位后，皇室内部的这场斗争是不可避免的，为此就不必过分地责怪允禩一方或雍正一方，非要把得位正当与否联系在一起。形势使然，不可不察也。

　　认为雍正得位不正的研究者，还把允礽的死归罪于雍正，真是冤枉！须知允礽二次见废后终康熙之世被禁锢，雍正登极就封他的儿子弘晳为郡王，抚养他的第六女于宫中，认为女儿，准许允礽到康熙灵前哭祭。但对他圈禁照旧，雍正说这是遵照康熙生前谕旨办理的，应当不是瞎话。康熙不管指定谁继位，也会不让放出允礽，以便维护新君，有利其治理。允礽于雍正即位二年多一点儿的时候病故，说是雍正致死的则缺乏证据。而且雍正也不会怕这个废人，何必要害他。当然，雍正对康熙末年要给允礽复位的王掞记恨在心，元年七月恩赐挨子，独不给王奕清之子，九月，不给王奕清封典，这就是修旧怨。不过不是用在允礽本人身上，弒兄之说从何谈起！当然，封弘晳为理郡王之后，令其移居京城郊外二十余里的郑家庄，搬迁时，虽说"一切供用，务令充裕，勿使伊艰难，并赃累属下之人"，同时加强禁卫防范，实际使其处于严密控制之中。

畏惧亡灵，雍正心虚？

篡夺说研究者指责雍正对康熙不忠，迫害其家奴，收缴其谕旨，简化康熙《实录》，以此反证雍正的篡位。

太监魏珠、陈昌受到康熙信任，奉命转传谕旨，雍正元年，将魏珠禁锢于景陵，差点凌迟处死，将陈昌抄家，太监郑进忠永远枷号示众。江宁织造曹家是康熙老家人，曹寅为康熙奶兄弟，死后得到顾恤，康熙令其亲子曹颙、嗣子曹頫先后袭职，关怀备至，雍正五年却抄了曹氏的家。苏州织造李煦早在雍正元年被抄没家产，发配黑龙江。雍正这样处分康熙亲信奴才，篡位论者认为太监知道康熙真实的传位意向，不利于篡位的雍正，李煦、曹頫是允禩、允禟的党羽，所以都在打击对象之列。

允禩集团与太监交好，不仅贿赂收买，允禟甚至令其子管太监魏珠叫伯父，可见关系密切，允禟的无耻行为，也是图位心切的表现。雍正继位要起用自己的太监，收拾几个与允禩集团有重大关系的先皇旧人，也就不足为怪了。康熙晚年不立太子，意向绝对保密，当时的官僚谁也没有猜出来，可是后世研究者总以为玉牒中有暗示，或者太监能探知，这不过是想象之词，太监又何能知晓？因此雍正惩治太监，又何必非因为篡位之故，正常接班的皇帝难道就不处理先帝近侍了？乾隆是合法继位的，登基后就指责雍正的总管太监苏培盛"狂妄骄恣"，加以戒饬，又处罚在圆明园照管雍正幼子弘瞻的太监。如果乾隆继位有疑案，大概此举也会被人疑惑为与篡位有关系，其实没有这种事，对雍正处理太监的怀疑可能也属于多思之故。

李煦在苏州为允禩购买了五个苏州女子，不排除他与允禩有某种密切关系，但是他受抄家惩治的原因，据满文档案记录，是"谎用、亏空"织造衙门钱粮甚多，为人"不安分"，与"大乱之人"王修德等六个光棍为伍，雍正起初还指示议处："伊为皇父有稍尽力之处，且已年迈。"允禩在江宁置有镀金狮子一对，由曹𫖯为其安排地方存放，织造本为皇室家奴，为皇子办点儿事也是本分，不一定有多少私人关系，而且此事是在查抄曹家过程中发现的，不是抄家的原因。雍正抄检曹府，从来没有说曹𫖯是允禩党徒，他并没有把曹家当作政治犯来打击。案发的爆发点是"骚扰驿站"，被山东巡抚告发，而以亏空钱粮、转移家产的经济事故和对抗态度问罪。曹寅经历康熙四次南巡的接驾，花钱如流水，成百万两地亏空钱粮，官员要弹劾他却被康熙压下，曹寅死后，亏空一直没有弥补清楚，曹𫖯继任又添了新亏空。雍正本来是爱护曹𫖯的，把他交给怡亲王允祥代管，有的"红学家"误解为这是加强对曹𫖯的管制，不过是没有领会雍正的想法，其实这是保护的意思。雍正初年整顿吏治，改革赋役制度，清查亏空，曹𫖯不能补上积欠，雍正又听说他骚扰驿站、转移家产，才下令抄家的。所以曹家的败落是撞到了雍正整顿朝政的风口上，也是咎由自取，不能因为曹雪芹就爱屋及乌，就同情他家，并责备雍正虐待乃父老家人，以及什么继位不正。

雍正即位初下令收缴康熙谕旨，篡位论者以为谕旨中有不利于雍正的话，这才匆匆忙忙收回来销毁。康熙给内外臣工的谕旨，多属公务性质，给江南三织造的有些谕旨是为了解官僚和民情，未见有涉及皇子之事，有什么值得雍正害怕的呢？只有先承认雍正篡位，心里有鬼，才能想到康熙谕旨有不利于雍正的内容，这是研究者的思路，未必合于雍正的想法。

《清圣祖实录》全书体量小，总纂张廷玉却受雍正殊遇，遗诏命其异日配享太庙，这是汉人大臣所没有过的殊荣。篡位论者认为雍正为了抹杀允禵业绩和康熙将他内定为储的事实，要求对康熙晚年的政事尽量少写，且顾及前后时期的平衡，致使康熙实录只有三百卷，张廷玉因篡改删削史料而获得宠信。顺治在位十八年，实录一百四十四卷，康熙在位六十一年，时间比前朝多二倍半，实录体量却只比前朝多一倍，分量确实是小，关于允禵及西北战争的记录确实是少，确实同雍正想要贬低允禵勋业的私心有关。但雍正篡位、允禵为嗣的说法不能成立，康熙实录体量多寡并不能论证雍正是篡位上台。至于张廷玉受宠的原因，雍正遗诏是这样说的："大学士张廷玉器量纯全，抒诚供职，其纂修《圣祖仁皇帝实录》宣力独多，每年遵旨缮写上谕，悉能详达朕意，训示臣民，其功甚巨。"他的功劳不独在主编康熙实录上，更重要的是给雍正写上谕。雍正亲自过问一切庶务，建立军机处，张廷玉帮助他处理文书和发布公文。那时没有真宰相，张廷玉身兼大学士、军机大臣要职，不过是今日秘书长、参谋长的角色，他参议得好，文字写得恰当，就是尽了他的最大职责，雍正因此而褒奖他，跟需要张廷玉帮助掩盖真相没啥关系。倘若他只是写实录得到配享太庙的殊荣，恐怕雍正没有那么多的荣誉来报答以各种形式和手段帮助他"篡位"的人。有一点需要注意，康熙实录的监修总裁是三个人，名次的排列依次是马齐、张廷玉、蒋廷锡，如果因此而特别奖励，马齐应高于或至少同于张廷玉，可是马齐无此殊荣，可见修实录仅是张廷玉受奖的原因之一。

雍正是否因为篡位而惧怕康熙亡灵呢？雍正对于康熙的纪念独出心裁，在景山寿皇殿陈设康熙画像展拜。寿皇殿原本是大行皇帝灵柩暂厝之地，顺治、康熙遗体均在此处停灵，康熙生前经常到这里射箭练武，雍正遂在这里供奉康熙画像，每逢康熙诞辰、忌日拿出画像礼拜，自此成为制度，并将清太祖以下各帝画像收藏到这儿，新去世皇帝的画像也送到这里保存，以便子孙世世敬礼。雍正又将畅春园内康熙寝宫改建为恩佑寺，为康熙荐福，并供奉康熙画像，不时前去叩拜，据《雍正起居注》记载，雍正五年正月至七月间就去了七次。他这样做的目的，在于向众人表示永远感戴乃父的恩情，根本不像康熙亡灵恐惧症患者。

雍正不进行木兰秋狝，最初是考虑政局安定问题，同时狩猎也是劳民伤财的事，雍正即位罢黜康熙朝的鹰犬之贡，作为新政的一个小小表现。不去木兰围场的理由完全正当，未必就是怕巡幸塞外碰到乃父亡灵。顺、康两朝在西郊的园寝没有定制，雍正

不一定非驻跸畅春园不可。且圆明园是父皇所赐，和雍亲王府同
是龙潜之地，他或许认为这是风水宝地而乐于居住。经过他和乾
隆的兴修，圆明园才成为正式离宫，以后的几个皇帝才定居于
此，不可用后来的离宫制度，来套用先前的历史。雍正为什么把
陵寝设在易县，这是个复杂问题。他原在遵化起山陵，施工中发
现土质不好，改向房山县勘察陵地，没找到理想的处所，最后相
中了易县泰宁山，从此开始清朝于东、西二陵间葬诸帝的制度。
他在易县寻觅陵址，我想主因还是迷信吉址，为发达子孙，并不
是为远离康熙鬼魂，也不是"文革"时期人们说的，他是"自大
狂，搞以我为中心"。

　　至于以儒法斗争的观念来解释康熙、雍正政策上的不同，以
为雍正改变康熙法家路线，搞兴灭继绝的复辟路线，完全背离历
史，没有什么学术价值可以讨论。不过需要指出的是雍正政治确
实与康熙有所不同，一宽仁，一严猛，雍正改革，涉及了一些
前朝大臣、家奴，是政治革新的需要，同想象中的他们因掌握
雍正隐私而受打击不是一回事，与雍正"篡位"实在难以联系
起来。

自立为帝？

　　自立说反对篡位说、合法说，在论点上又各有一些相同的地
方。自立说有一点与篡位说相同，认为没有康熙病重宣布遗命的
事，隆科多独承顾命确有疑问，允禩等人对雍正表现出的蔑视态

度成因于雍正的非法继统，对这些论点我在前面作了讨论。自立说不接受篡位说，认为没有改诏的事情，康熙系正常死亡，篡位流言是争位失败者制造出来的。在反对雍正合法即位的两说中，自立说主要还是针对合法说的，并提出两点新见解：

一是说雍正谣传大学士马齐受诏，以弥补隆科多受诏的不合情理。马齐在推举允禩为皇太子事件中被撤职，后来康熙看到满人大学士无能，为汉人瞧不起，乃决心起用有能力的马齐，授以首辅之位。雍正即位，为了保持朝政的稳定，指定四名总理事务王大臣，马齐为其一，另外三人为允祥、隆科多、允禩，虽属两个集团，对于雍正朝廷讲都是新进，唯有马齐是前朝核心人物，让他总理事务对于雍正新朝起着凝聚人望的作用，颇为重要。把继位和他联系起来，也是情理中的事。马齐受诏是朝鲜人听清朝通事说的，不是清朝使臣向朝鲜政府或官员正式宣布的，这个细节非常重要。乾隆以前，朝鲜人仍认为明朝文明程度高，鄙视清朝，搜集清朝动态的情报，对反映清朝不好的事情尤其感兴趣，收买了很多假情报。康熙朝皇太子事件，朝鲜听到很多传闻，政府作了清朝因此必将发生大乱的判断，最终与历史的进程不合，所以朝鲜史书不足尽信。马齐受诏的事，中国资料毫无踪迹，朝鲜记载只是孤证，令人难以相信。通事依据马齐的地位编造受诏的故事，向朝鲜人卖钱，也不是不可能的。通事私下的说法，只能代表个人，并没有太高的可能性，如何能说是雍正炮制了马齐受诏的谣言！自然更不能据之否认雍正受诏继位。

二是推测康熙暴卒，隆科多得到消息，通知雍正，共同炮制

假传遗命的决定，为此康熙去世后他们严密封锁消息。这个推测
有一些合理性，如隆科多最先得到信息是可能的，与雍正密谋，
也应当有可能性。但如果作反命题的推测，就可看到其中频出的
破绽了。第一，康熙崩逝的消息封锁不住，当日也未封锁。康熙
患病，诸皇子不管出于什么原因都会极其关心，雍正人在天坛斋
所，每天几次派护卫到畅春园问安，允禵离京以前殷切嘱托允祹
打听康熙身体状况随时转告他；康熙身体有状况，允裪、允祹等
人必然时刻关切康熙病情。他们获知康熙故世的消息，时间上不
会比雍正晚，即使不承认十三日凌晨发生了康熙召见诸皇子宣诏
一事，但除了奉派外地的允祺、允禵及在天坛的雍正，其他皇子
中的多数人会在畅春园，或在畅春园附近，康熙病重，皇子们难
道还敢在府邸悠闲，不到园中问安？有的皇子花园就在畅春园附
近，趋承问候非常方便，获得信息速度也快，纵或不信雍正所说
康熙末命的内容，难道诸兄弟来到畅春园他也要捏造？从康熙末
命之事，至少可知有众多皇子在康熙身边问安。而雍正在几十里
外的斋所，未获征召，不能行动，反不如诸兄弟自在，对最新消
息的获得难以超越允裪、允祹等人。允祹早与内监勾结，康熙一
旦出事，得到的消息不会很晚，康熙驾崩的消息十三日并未封
锁。第二，隆科多与雍正密谋既无时间又无机会。康熙死于戌
刻，即十九时至二十一时，当夜遗体被运回大内。按自立说的观
点，当日雍正应在斋所，他得隆科多通知再赶到畅春园，诸兄弟
中应当有多人已在园内，这些人难道不会追问大行皇帝的遗命，
还能容忍雍正来到现场，由隆科多与他密谋后再说？统共只有几

小时的时间，又是在众目睽睽之下，隆科多怎样和雍正密谋呢，怎样能做出闪电般的决定呢？怕不容易。因此，自立说的推测不符合当时的实际情形，不足以取信于读者。

我认为雍正自立可能性不大，自立说能成立的条件比较复杂。只要承认康熙是因病去世，哪怕是暴卒，也无法想象他没有指定继承人。五十六年（1717年）他就写好了遗嘱，虽未言及嗣君的事，但这种国本大事，康熙必然念念不忘，怎么可能临终还不指定继承人，容忍雍正自立！当然，有的病人手不能写、口不能言，想自己料理后事也力不从心，康熙是否如此？《大义觉迷录》所反映当时社会流传的雍正改诏说法，以承认康熙既能写字也能说话为前提，自立说对此作何看法呢？似乎应有交代。还有，自立说只有承认雍正奉命从天坛斋所回到畅春园，康熙驾崩时他也在场，才能自圆其说。若承认雍正是奉召而至，则需要说清召他的原因，所以有许多问题需要思考和回答。

篡位说的关注点在康熙临终前的情况，自立说则把焦点对准康熙逝世的一瞬间，因此我觉得自立说的出现把雍正即位之谜的研究进一步深入了。我想不应当简单地否定自立说，还需要学术界继续研讨。

辟谣之书：《大义觉迷录》

孟森说雍正为掩盖篡位事实而编印《大义觉迷录》，想用宣传歪曲真相，为此而发的谕旨倒暴露了篡位真相，成了"供状谕

旨"。孟氏的观点前面已经讨论过了，这里对雍正炮制曾静案和
《大义觉迷录》的原因作一点说明，后面有专门篇幅回应。

秀才曾静有着强烈的民族意识，主张华夷之辨，反对清朝统
治，对雍正的嗣位和初政强烈不满，下书川陕总督岳钟琪，鼓动
他造反。雍正大力审理此案，表面上主因是曾静的反满言论，大
讲"华夷之辨"的不对，实际上重视的是曾静对于他道德问题的
攻击，又着力于追查相关谣言的来源，经过审问曾静和了解各地
封疆大吏提供的情况，证实改诏篡位、谋父、逼母的话，出自允
禩太监何玉柱、于义，允䄉太监马起云等人之口，受众也是雍正
反对派成员。明了事情真相的同时，雍正不断发出上谕，澄清关
于他继位的谣言。为了使百姓都知道事实真相，编印了《大义觉
迷录》，并派官员带领曾静到各地现身说法，宣讲雍正的冤屈。

《大义觉迷录》一书的公布，对于雍正而言产生了正反两种
效果：相信雍正合法继位的人有了它的资料做依凭；认为雍正篡
位的更从它那里找到了证据。这个案件及其记录表明，储位斗争
失败者允禩集团不甘心退出历史舞台，在帝位无望之后，悲愤交
集，制造丑化对方的流言，特别是在要害问题——继统合法性
上大做文章、宣泄不满，并企图以此攻倒对手。因此我同意一些
研究者的观点，允禩等制造雍正篡位的流言，是为了发泄愤懑，
不足为据。嗣位之谜的研究，需要摆脱流言野史的困扰，唯如
此，才能解开疑团。

雍正继位之我见

自康熙惩治索额图开始正式揭开"储位争夺战",到雍正为自己辩白的曾静案终结,清朝统治者为继嗣问题所纠缠、所苦恼。我在上两节的叙述中把与雍正嗣位有联系的事情、研究者所提出的问题,不论是我赞成的还是有怀疑的,都作了说明。因为事件本身的复杂和学术界的观点繁多,我的说明也拉杂,有时不得不伸展出去。现在该对本书的主题——雍正嗣位之谜作出概括性的说明,以期给读者一个总体印象。

(甲)雍正遵照康熙末命合法继位

康熙总结了"两废太子"事件中的经验教训,结合传统观念中嗣君应当具备的条件,形成他自己的人选要求,这就是:皇子安于本分,不结党谋位,服从皇父的选择;为人要忠孝,能以皇父之心为心;要聪明干练,文学、语言都好,将来可以治理国事。康熙又鉴于诸子结党夺储的激烈斗争,早早写下政治遗嘱,但既不立皇太子,也未作明确暗示,造成十几年储位虚悬的动荡历史,也使诸皇子间的争斗不可遏止。在诸子之中,他对皇三子允祉、皇四子胤禛、皇十四子允禵(允祯)比较看重。无论是父子感情,还是对他们才能的欣赏和重用,都胜于其他皇子,因此我分析康熙将在这三个儿子,特别是四阿哥和十四阿哥中选择他的继承人。

雍正是个意志坚强的人,以察察为明、好于自圣,在即位问题上说过许多昧心话、瞎话,如登极后屡次宣称他从来都不结党、不谋位，但如果说他虚构七位阿哥和隆科多聆听康熙遗命的事，盗用允禵的名字登基，他再愚蠢也不会造这样的谣，自尊心也不允许他这样做。在中国历史上从来没有依靠盗名改诏篡位的皇帝，中国人重视自己的名字，圣讳、家讳的出现就是证明。雍正如果是盗名篡位，这种奇耻大辱他绝对忍受不了，即便篡位时需要暂时忍耐，皇位稳定后也会改名。可是雍正没有发生这样的事，从侧面也可以证明他确实是合法即位，他有胆量公布包含"篡位"资料的《大义觉迷录》，表明他心中无愧，不过智者千虑必有一失，他太过自信，这本书的内容日后反倒引起了不少争议。

（乙）雍正成功的原因

这里说的成功，是指雍正被康熙选中和顺利登基，原因我认为有多种：

第一，他主张从严治国的政治纲领，可能取得了康熙的欣赏和部分官员的支持。康熙晚年积弊丛生、政治废弛，国家需要有个主张施行严猛政策的能人来治理，以扭转局面。这对皇室、政府和社会都是必要的，康熙会不会在晚年认识到这一点，从而认为只有雍正才是最佳人选，才能扭转颓败的局面？康熙实行宽仁政策，照理应以宽仁要求嗣子，但在废黜允礽之后，不取主张仁义的允禵，是因为情况已经改变。雍正以乾隆为嗣子，乾隆上台宣布实行宽严结合的新政策，打出祖父康熙的旗号，更改父亲的严厉路线。这也是政治形势的需要，即经过雍正的严猛之后，应当要适度放宽，以稳定政局。雍正自然洞悉儿子的理念，始终没有改变继承人的念头，是有政治眼光的。主张宽仁的康熙在晚年选择主张严猛的雍正，也是明智的政治家的表现。

第二，雍正两面派的活动手法，欺骗了康熙，麻痹了政敌。雍正结党时间晚，活动不明显，本身就不易引人注意，更重要的是他采取两面派的活动手法，在康熙面前讨好，给人以孝友为怀的感觉，有能耐而又不显露，因此康熙看到他成年后的好品格，对他结党警惕不足，只是疑心他参与允禩"八爷党"，想不到他是自营小团体，最后才放心地把政权交给他。雍正清静淡泊、兄友弟恭的表象，使人看不透他的庐山真面目，他敢于维护允礽的正当权益，连允禟也认为他讲义气、很难得。他关心允禩的病情，虽是误会康熙的意思，也是有买好于对方的心理。这样便蒙蔽了对手，不以他为目标，不到康熙面前攻击他，不给他制造恶劣的社会舆论，使他得以从容谋取帝位。不少研究者说雍正是黑马，是突然杀出来的胜利者。确实，他成功麻痹了众人，不动声色地进行政治活动，最终坐上皇帝宝座。

第三，雍正的得力小集团保证他顺利即位。他的集团纠集时间很晚，成员也不多，但关键时候出了大力。顾命大臣隆科多以武力确保胤禛登基，成功地控制京城治安，使他顺遂地接管整个中枢。允禵统率的西北大军，是地方上唯一可能威胁雍正的力量，但其受到川陕总督年羹尧的牵制，无能为力，因此到头来也平安无事。雍正的顺利即位，消除了人们的担心，使朝鲜人的祸乱必生的预言失灵，雍正集团的一众党羽起了至关重要的保障作用。

第四，雍正合法继位和对待允禩集团的正确策略，迫使政敌俯首称臣。雍正遵照康熙末命继位，名正言顺，允禩等人难以作乱，不得不接受雍正的分化瓦解。他们明知被套上了枷锁，但没有理由反抗，只好听任雍正的宰割。有研究者认为康熙皇子尽管党争不已，但为了维护清朝社稷，比较理智和克制，没有乘康熙国丧作乱，这个分析也有道理，但我想关键还在于雍正身兼大义名分、有得力的小集团成员和正确的施政方针、策略，使事情按照他设想的方向发展。

（丙）篡夺允禵皇位的说法不能成立

允禵颇有才能，在康熙晚年受到重用，有被选为继嗣的可能，但远远没到已经被康熙定为皇储的地步：他名义是王爵，实际不过固山贝子，离皇太子还有不小的等级距离。他结党谋位，不让于其他弟兄，有允禩等人支持固然是优越条件，但远离京城，对其争取皇位很不利，最终也因此而落选。

关于传位允禵的说法，即改"十"字为"于"字、隆科多矫诏不召允禵这两条，皆系社会传闻，稍加推敲，就破绽百出，不能成立。对雍正继位持篡夺说的研究者，也只能在雍正继位上找出疑点；对于允禵历史的研究，可以证明他立功西藏，受到康熙重视、宠爱，如此而已。所谓允禵与皇位失之交臂、功败垂成，多系想象之词，缺乏事实根据。如果真有传位给他的诏书，篡位者雍正焉敢把真命天子容留于世？不仅在位不杀他，遗诏不讲杀他，后来接班的乾隆还封其为郡王，允禵也得以终其天年，这才是怪事呢！

（丁）篡位说流行不衰的原因

阿哥们的储位斗争持续二十多年，新皇帝的登基，难免会使人们心生怀疑。最关键的是到底有没有康熙亲笔遗诏，有了它，上面写谁的名字谁就继位，没有什么好说的；没有它就不同了，尤其是在长期的、激烈的权力斗争之后，人们对真伪消息需要认真判断，才能消除疑惑，相关争议在雍正年间已经引起了很大的风波，一直延续到今天；储位悬虚已久，必有授受之疑，何况皇子们多年结党谋位，有资格做继承人的又不止一个，谁上台谁就会成为众矢之的，谁上台都会被人质疑。至于失败者制造流言中伤胜利者，则更在情理之中。新君为了保证权力交接，可能会采取非常措施，如严格的保安力度，以便顺利即位和巩固政权，而这举措也会引起人们怀疑，以为是非正常即位的缘故；新君初政，会改变前朝的一些政策，撤换一些人员，这本来是正常举措，要不是因为皇子夺嫡，人们也不会提出异议。雍正继位时情况不同，人们从他对待父皇亲信的态度似乎察觉什么问题，并且同篡位联系起来，这种看法虽然不合实际，但也是情理之中。另外，同情失败者，也是人之常情，把这种因素加进去，对雍正的行为产生怀疑，就显得正常不过了；在清代，人们尤其看重伦理道德，雍正被安上"谋父逼母弑兄屠弟"的罪名之后，要想摆脱被谴责、被怀疑的处境就很难了，而先入为主的观念，使得后世没有传统伦理观的研究者，也容易被之前的成见带着走。以上的分析，可能限于表面探讨，没有找出最主要、最关键的因素，这里要补充杨珍的观点：雍正继位后过度迫害亲兄弟、皇族、贵族，引起社会反弹，是造成篡位说流行不衰的基本原因。说得至为有理。

　　雍正为自己辩解也令人心生疑窦。孟森说雍正"转蹈言多必失之弊"，杨启樵对此亦有指出，我想言多有失，存在虚言而败露事情真相和没有说清事实而令人致疑这两种情形，言多有失和造作谎言未必能画等号。雍正性急好辩，不只是在继统一事上，如与工部主事陆生楠就封建论展开讨论。他在嗣位问题上的辩白，出发点是要说明他在康熙朝没有搞小动作、没有劣迹，因为结党谋位就是跟父皇做对，就是不孝，就不是人君楷模，不配为臣民所敬仰，所以他要极力隐讳。可是他搞小团伙是事实，越是否认就越露痕迹，人们发现有漏洞的地方就越多。有研究者指出雍正好面子、好名声，反倒给人造成虚伪的形象，发布《大义觉迷录》反倒扩散了流言蜚语，这个观点我认为很正确。

　　还有一个问题不能忽略：因为有人对雍正继位有疑问，把不相干的事也牵扯进来，使得事情复杂化，如同一团乱麻，怎么也解不开。比如京城戒严，考虑到党争的大背景，雍正继位就必须采取一些非常手段，以保证不发生变故，这是合理的预防措施，不足为怪。应当说雍正的做法主要是为了保证稳定，跟是否篡位自立关系不大。又如篡改玉牒，包括本人在内刚开始都有这种怀疑，因为雍正确实有篡改文献档案的毛病，容易令人不信任他。若是预设立场，坚信雍正是篡位或者合法继位，形成思维定式，就会对好多正常现象产生疑问，提出疑问。这对继位之谜的解决，也应当说是一种障碍。

雍正帝行乐图道装像

五

析疑续篇：雍正盗名改诏之个案研究

这一节，打算对雍正盗名改诏说做一点深入的分析，分两个子目，交代允禵、胤禛的名讳问题。

允禵改名

抚远大将军王允禵的名字，据他的侄子弘旺在所著《皇清通志纲要》（抄本，北京大学图书馆藏）中说："讳允祯，改讳禵。"他的书内多次出现康熙十四子的名字，均书允祯，而不书允禵，认为允祯是他的本名，把允禵视为雍正登基后改的名字。民国前期张尔田在《遯堪文集》卷一《答梁任公论史学书》讲到允禵改名，认为雍正篡改康熙遗诏"改祯为禵，固自易易"，从而将他的改名与雍正继位的历史疑案联系起来；后来的一些研究者，如金承艺，发展了这种看法。历史上一个人的本名或改名，一般不是什么重要的事情，可是允禵的名字问题，涉及储位之争和雍正继位的重大历史事件，确有弄清楚的必要，故而再作陈述。

（甲）《宗室玉牒》记载中的允禵改名胤祯

要澄清允禵的名字，权威的文献，是清廷历次撰修的《宗室玉牒》（下面简称玉牒）。玉牒每十年修造一次，每次撰成"帝系""直格本""横格本"三种版本，每种又有汉、满双语文本。玉牒如今收藏在北京中国第一历史档案馆（下面简称一史馆）和沈阳辽宁省档案馆。玉牒记载宗室成员的简历，是研究宗室成员历史的可信的权威文献。允禵的名字问题，从玉牒寻求答案，应当是可靠的途径。笔者于1980年前往一史馆查阅了玉牒及宗人府的有关档案，试图了解允禵本名及其变化。

允禵生于康熙二十七年正月，死于乾隆二十年（1755年）。就一史馆所藏获知，在这六十多年中，清朝先后于康熙二十七年、三十六年、四十五年，雍正二年、十二年，乾隆七年、十一年撰修过玉牒（康熙五十四年也应该修过，但一史馆无存）。且看这些玉牒对允禵名字的著录。

康熙二十七年的玉牒，纂成于这年年底，诞生不满一周岁的允禵，并没有叙入牒内。是雍正继位后动用手段把他除名了吗？不是，原因是出生不久的皇子往往不能及时地载入玉牒，没有序齿、没有命名的皇子多半不能上谱。因此这一年玉牒中没有他，并不足为怪。

记载十四阿哥名字的最早玉牒为康熙三十六年所修，该直格汉文本在康熙诸子项下写道："第十四子胤禵"；与之相对应的直格满文本为"（图形）"（读音 juwan duici juin ti）；帝系汉文本为"第十四子　胤禵"。据此，可以确定皇十四子的名字是"胤禵"，也就是说，胤禵是他早年的正式名字。

康熙四十五年的玉牒，笔者见到满文汉文的直格本、横格本和帝系，共六巨册，十四阿哥的名字，横格本和帝系的汉文本均书"胤禵"，满文本都是"（图形）"。直格本中十四阿哥名字出现两次，一是叙述康熙儿子们情况，写到第十四子，汉文书"胤禵"，满文作"（图形）"，三个版本的满汉文记载完全相同。但直格本在记叙康熙众子时，汉文本在三阿哥胤祉的诸子之后，写道："胤禛　四子"，接着在十二阿哥胤裪的儿子之后，出现"胤禛　二子"字样。再查满文本，与先出现的"胤禛　四子"对应的是"（图形）"（读音 in jen duin jui）。与后面出现的"胤禛　二子"相对应的是"（图形）"（读音 in jeng juwe jui）。先出现的有四个儿子的胤禛，就是康熙的第四子，日后的雍正皇帝，他的名字始终叫胤禛。他这时已育有四子，分别叫弘晖、弘昀、弘时、弘盼，所以玉牒这样记录是正确无误的。有两个儿子的"胤禛"应为十四阿哥，观其位次，排列在十二阿哥胤裪之后，而十三阿哥胤祥这时没有子嗣，从这个排列顺序上确定，这"胤禛"只能是第十四子，而此时他恰有两个儿子，长曰弘春，次曰弘明，这"胤禛"不是十四阿哥，又是谁人？但是问题出来了，四阿哥名禛，十四阿哥还叫禛，这是不可能的事，四阿哥名字既然书写无误，则十四阿哥的必然写错了。我们再看满文，十四阿哥"（图形）"的"（图形）"读 jeng，音征，与四阿哥"（图形）"的"（图形）"读 jen，音真，不相同，由此可见，十四子位置的"禛"应为"祯"，也就是说，满文写得对，而汉文弄错了。这大约是誊录者的笔误，禛、祯字形相近，读音亦有相同之处，写错是很容易发生的。综观四十五年玉牒中十四阿哥的名字，满文共四处，三处作"ᡥ"，一处作"ᠵ"，汉文也出现四处，三处作胤禵，一处作胤祯。十四阿哥原来叫胤禵，现在于此名之外，凭空多了"ᠵ"，"胤祯"（汉文误书"胤禛"），如果他没有这个名字，不会在满汉文上同时出现这一异象（本书满文书写及注音得李松龄先生帮助，特致谢）。据此，我认为至迟在四十五年（1706 年），康熙将十四阿哥的名字，由胤禵改称为胤祯。改名的具体时间，可能就在修玉牒的当年，或者在前一二年，不会离这年很远。十四阿哥的改名在玉牒上得到体现，但因玉牒修纂工作的复杂原因，造成汉文直格本的笔误，这就是历史的真相。

（乙）皇族改名制度

宗室成员的命名、改名，一定要通知宗人府，以便其管理宗室和纂辑玉牒。清朝制度，由皇帝命名的皇子及宗室成员，于赐名、改名之后，内阁会把皇帝的有关谕旨抄出，由礼部转给宗人府，如嘉庆二十五年（1820 年）三月十日给宗室奕绚命名后，礼部转咨宗人府的公文是这样写的："礼部为咨照事：仪制司案呈嘉庆二十五年三月十日奉旨，仪亲王之孙贝勒绵志之第五子著命名奕绚，钦此钦遵，抄出到部，相应恭录谕旨并原奏知照宗人府可也（一史馆藏档）。"碰到这样的情况，事主属宗室，就收入宗室黄册；是觉罗，则归入觉罗红册；到兴修玉牒时，汇载于牒内。事实上每至修纂玉牒时，有关部门还要把宗室成员涉及玉牒内容的变动情况专门报告宗人府。如已故去人员的名字，玉牒中用黑笔书写，在世的人用红笔书写。上一次修玉牒在世的人，再修时已故世，他所属的部门要报告宗人府，请求改正。

宗室命名、更名及撰修玉牒的相关制度，使我们有理由认为胤禵改名胤祯，出自康熙的旨意，并且已由内阁经由礼部通知了宗人府。只是由于距离玉牒纂修时间较近，兼之十四阿哥才刚成年，并没有负责差事，名字不为人们所熟知，所以他的更名没有引起承修玉牒官员的重视。因而在玉牒的一处改过来了，其他地方还是照旧，致使同一个人的名字出现差异，这也是不难理解的。

人已改名，而玉牒反映不完善的情况，不仅发生在十四阿哥身上，类似的情形还在胤禵的长兄、康熙长子身上出现过。据四十五年玉牒所载，圣祖长子"原名保清，更名胤禔"。查十八年玉牒，汉文本为"第一子 保清"，满文本名为"𡧤𡧤"（读音 boocing）。二十七年玉牒，汉文本是"第一子 保清"，满文本则是"𡧤𡧤"（读音 in ti）。读者至此自会明了：十八年、二十七年两种玉牒，汉文本完全一致——"保清"，而满文本出现了差别，尤其是后一年份的，自身满汉文不对音，显有误失。再检三十六年的玉牒，汉文本为"第一子 胤禔"，满文本名为"𡧤𡧤"，这样把汉文名保清改为胤禔，满汉文读音便一致了，纠正了二十七年玉牒的错误。简单地说，康熙长子原名保清，在康熙二十七年以前改用后来通行的名字——胤禔，但该年的玉牒上反映混乱，即他的新名字在满文本反映出来了，而汉文本则照袭老谱，没能及时更新，只有到三十六年的玉牒两边才完全一致。所以尽管名字早就改了，但有的人名更动反映在玉牒上要有个过程。胤禔更名为玉牒所明载，没有疑义，二十七年玉牒记叙的混乱，并不影响研究者把事情弄清。由此，我确信：（1）胤禵改名的可能性完全存在，因为康熙能给长子改名，当然也能给十四子易名。（2）胤禔改名在二十七年玉牒记载上的差错，给四十五年胤禵改名在玉牒上的差错提供了旁证，不能因为档案的一些笔误，就否认胤禵更名的事实。

（丙）胤祯复名胤禵及原因——与"篡夺"无关

十四阿哥胤祯这一名字使用到雍正元年，查雍正二年玉牒，对康熙十四子写的是"第十四子郡王胤禵"，这就表明此时他已经更名。我还在一史馆宫中档见到雍正的一个朱谕，观其内容是写给年羹尧的，原文录下："寄来四荷包宝石等物，皆大内有来历之物。言冲锋破敌甚有利益，盖内中亦有圣祖赐允禵带去者，今发来，若进兵时，与岳钟琪、黄林、武正安、宋可进等佩带……"此谕中十四阿哥名为允禵。这个谕旨没有署年月，不过我们知道，雍正元年八月青海罗卜藏丹津叛乱，十月任命年羹尧为抚远大将军，次年三月事平。这份朱谕，无疑是这段时间写的。有了上面两条资料不难明了，雍正为胤祯改名，必在雍正元年十月以前。

雍正给允禵更名，是出于篡改康熙遗诏的政治需要吗？谈到这个问题，要充分注意到雍正是给胤禵复名，十四阿哥原本就叫胤禵，中间奉父皇之命改称胤祯，雍正再改其名为胤禵，是恢复旧名。雍正给胤禵复名的缘由，我的初步分析是：他为提高自己的君主权威，降低同胞兄弟政治地位所采取的措施。因雍正名胤禛，禛字与胤祯的祯字，不仅字形相近，而且字音方面也有相同之处，禛音 zhēn，读真，真韵。祯有两种读音，一是音 zhēn，读真；一是音 zhēng，读征，更韵。在祯的两个读音中，有一个与禛音相同，这就容易发生混淆。雍正做了皇帝，以一个至尊之主，当然不愿意有人和他的名字类似，尤其是胤禵在康熙末年声望很高，并一直有康熙要让他接班的传言，他有着同自己相近的名字，容易造成人们的误解，只能对胤禛有利。为了贬低和打击他，令他恢复旧名，这是十分自然的事情。这一观点，还可从雍正兄弟的字辈变化得到侧面反映。雍正继位后，为了政治斗争的需要，独尊自己，采取了一系列打击压制和贬低诸兄弟的手段，将兄弟们名字中的"胤"改为"允"字，自家独霸胤字（唯一例外是特恩准许康熙十三子胤祥仍用"胤"字），就是其中之一。他既然有理由换掉众兄弟的"胤"字，自然也有理由把十四弟名字中近于御讳的"祯"字改掉。如果这个分析有道理，改名的事不一定非得同篡改康熙遗诏联系起来。

现在就来谈改遗诏的问题吧。改"祯"字为"禛"字说，同只讲改"十"为"于"说一样，难以成立。有的史家假设，康熙遗诏原文是"皇位传十四子胤祯"，篡改后变成了"皇位传于四子胤禛"。这种写法尽管添上了接班人的大名，但仍不符合清朝制度。正式文书，清朝皇帝的儿子，一定会称为"皇某子"，这个规矩违错不得。"皇"之一字，不能随便用，也不能随意不用。"皇位传十四子胤祯"之说，致命伤就在少了一个不可或缺的"皇"字。称"十四子"，而不称"皇十四子"，不合当时制度，这个遗诏的文字既不合规制，又怎能令人相信它的真实性呢！要是把这个传说前头加上一个"皇"字，则遗诏应是"皇位传皇十四子胤祯"，若雍正改"十"字为"于"字，"祯"字为"禛"字，遗诏便成了"皇位传皇于四子胤禛"，这怎么读得通呢？雍正更怎么可能依靠这种遗诏继承皇位！

（丁）雍正伪造玉牒之不可能

有研究者不同意我的"康熙十四子曾名胤祯"说，认为我上了玉牒的当，因为我依靠的玉牒是被雍正篡改过的。其实我在阅览玉牒的时候，也存有对雍正动过手脚的警惕，因此玉牒中可能出现作伪的各方面情况都留心观察了：凡载有胤禵的地方，都注意观看有否涂改、挖补之处，结果没有发现；察看有否整页抽换的情形，经对照写有"皇十四子"的这一页与它的前后若干页，都是一个笔迹，证明该页未被后人抽换；同时也观察到全册没有拆装的痕迹，从而排除了调换一部分书页的可能性。那么雍正是否把全部玉牒都换了一遍呢？这在当时几乎是不可能的。自胤禵出世后，康熙年间总共又四次修纂玉牒，玉牒有三种版本，每一种要抄三份，又分藏在皇史宬、宗人府、礼部三处，还有一份底本，即共有四份。每一份又最少六册，每册厚薄不同，直格本、横格本往往厚至一寸以上，几乎有一米长，宽一尺多，如果要把它作全部改动，绝非少数几个人偷偷摸摸所能办成。必须找个借口修订玉牒，重新组织班子，但是各种记载中没发现修订玉牒的事，雍正若这样办，岂不是欲盖弥彰吗？清初皇帝的实录，倒是不止一次地重新修订，但是每次重修，都要明发上谕、重组纂修班子，尽管是为篡改历史，然而形式上却是郑重其事，雍正要篡改康熙朝玉牒，那么大的工程，不名正言顺地下诏修书是不可能的。征诸上述种种，可以断定今日一史馆所藏康熙年间的玉牒确是原本，它是可以信赖的。

说了这么一番话，回过头再想，就因为区区一个政敌的名字，雍正有那种必要兴师动众修改玉牒？这可能就是我们研究者想出来的问题，康熙十四子原名胤禵也好，胤祯也好，即使他的原名就是胤祯，世人都知道，要把他的名字改变为胤禵（允禵），又有什么对皇帝不利的地方，乃至于非要启动修改玉牒的工程！说实在的，雍正没有为了允禵兴师动众改动玉牒的必要，这样的事情不可能发生。

总括起来说，根据清朝《宗室玉牒》等文献的记载，康熙十四子的原名就叫胤禵，后改名胤祯，雍正又命他复用旧名。雍正这样做的目的是要打压在政治上颇具威胁的同胞兄弟，避免胤禵、胤祯二名的混淆，以维护自己至高无上的地位，并非出于篡改康熙遗诏的特殊政治需要，更没有修改玉牒的必要。

雍正名讳

雍正名叫"胤禛"，可是有研究者说他原来不知道叫什么名字，只是为了篡夺胞弟胤祯的名字，改"祯"字为"禛"字，"胤禛"这个大名才得以载入史册，并且呼吁各方面学者协力查找他的原名。看来"胤禛""胤祯"二名及名中的"禛""祯"二字真值得留心，也应当查一查他的真名。前文曾提到康熙四十五年编写的《宗室玉牒》出现将胤祯名中的"祯"字误书为"禛"字，那么严肃的官方文书竟然出现这样的错误，其他文献的类似情况就更多了。即如1980年5月9日，《光明日报》刊登了雍和宫永佑殿的照片，在说明中谓雍和宫"原为清世宗胤祯府第"。正式出版物中，以雍正名讳为胤祯的，确实屡见不鲜。在雍和宫门前出售的小册子《雍和宫》中，说这个地方"原为清朝第三代皇帝胤祯即位前的府邸"。稍前，1959年中华书局出版萧奭的《永宪录》，编者在前言里有"胤祯'夺嫡'"的描述，亦以胤祯为雍正之名。蔡东藩在《清史演义》中，也把雍正写作胤祯。不仅国内如此，日本人稻叶君山著的《清朝全史》，是用章节体体裁编写的第一部清代通史，它也以胤祯为雍正之名。另外，香港出版的杂志《抖擞》第三十五期所载华明的《海外文谈》讲到"诗案史祸"时，亦称雍正为胤祯。就是我的文章，也有将胤禛误植为胤祯的，以致友人询问：你专门论述过胤祯、胤禛名讳，为什么还出错？我只好赧颜回答，乃校对不细致之故。

（甲）权威文献证明雍正自始至终未使用胤祯之名

关于雍正名讳，下面胪列几则早期文献资料。

雍正生于康熙十七年，此后清廷修纂的《宗室玉牒》，其十八年、二十七年、三十六年的，对他的名字的书写，汉文本均为"第四子胤禛"，四十五年编修的写作"第四子多罗贝勒胤禛"。所有的满文本所书皇四子名字的满文，读音均为"印真"，是雍正汉名胤禛的对音。这就是说，玉牒所载雍正的满、汉文名字都是胤禛。

前已说明，康熙五十年印制的《御制集》第三集第十四卷收有康熙四十八年三月初十日《谕宗人府》的上谕，文中两次提到雍正的名字，一次是说康熙说自己患病时，"唯贝勒胤祉、胤禛"请求他"令医人诊视"；一次是说"胤祉、胤禛、胤祺俱著封为亲王"。两次出现的雍正名字都是胤禛，则其名胤禛当无差误。

所谓康熙遗诏，是康熙死后由雍正公布的文书，笔者在中国第一历史档案馆获睹原件，中云："雍亲王皇四子胤禛，人品贵重，深肖朕躬，必能克承大统，著继朕登基，即皇帝位。"是则雍正名胤禛。雍正既以此名登极的，自身当然承认胤禛这个名字。至此还要稍加说明的是，陈熙远见过康熙遗诏，计有四件，分别收藏在北京中国第一历史档案馆、台北"中研院"历史语言研究所，他发现四处名字，有一件的禛字其写法近似于祯字。诏书发生这样的问题，真是匪夷所思，但这是不争的事实。他以此说明，人们将雍正的名字误解为胤祯，这应当是一种原因，而不简单是笔误，说得非常有理。如果是持有盗名改诏说的论者见此文书，或许会把它作为一种有力的佐证，其实误书就是误书，雍正的名字康熙遗诏反映的就是胤禛。

《大清世宗宪皇帝实录》，由大学士鄂尔泰、张廷玉等领衔纂修，成于乾隆六年，该书劈头就说世宗宪皇帝"讳胤禛"。

乾隆中编修蒋良骐撰《东华录》，谓雍正之名，"上一字从肙从乚，下一字从示从真"。作为臣民，为敬避御讳，不直接书写皇帝的名字，而以部首、缺笔等方法来表示，此书所记载的雍正名字就是胤禛。

上述康熙分封诸子的诏谕，是有关衙门要遵照执行的命令，诏书中皇子的名字，不会有差错。设若雍正的名字不是胤禛，他就不会成为雍亲王了。圣祖遗诏，是向全体臣民颁布的文告，更不会有误失。玉牒为皇帝家谱是极其神圣的文献，它的内容，要求具有高度的准确性（当然不能完全做到）。实录，是官修史书，对于史事，统治者可以因为政治需要加以篡改，但对皇帝的名字，绝对不许弄错。《清世宗实录》，记叙雍正一朝的历史，也可以说是专记雍正的历史，它对于书主之名，焉敢疏忽有误。这些在御名问题上具有高度严肃性和准确性的文件和史籍，都把雍正的名讳写作胤禛。蒋良骐的著作，具有较高史料价值，可以作为私家著述的代表，他也认为世宗名讳为胤禛。因此，世宗御名为胤禛，应是确定无疑的。

雍正有"胤禛之章"的印章，今日存世，可为文献之佐证。

（乙）以胤祯为雍正名讳的清代文献辨正

清代文献中把雍正的名字写作胤祯的也有，不过其时间性和准确性，都无法与上述文献比拟。例如：

《永宪录》卷一，康熙六十一年十一月戊戌日条下，录有康熙遗诏全文，在关于命雍正嗣位的那段话中，即把雍正名讳写作胤祯。《永宪录》所录遗诏一定来自传抄材料，而它的祖本则是遗诏原件。所以世宗名字的确定，当遵从原始材料，而不能根据《永宪录》。

乾隆四十三年（1778年），河南开封府祥符县人刘峨印刷《圣讳实录》，卖给参加府试的士子，以便科场文字中敬避御讳，切勿犯讳。书中开列清朝世祖、圣祖、世宗、高宗四帝的御名，谓雍正的御讳是"上胤下禛……下一字从正字"，即名胤禛。乾隆获知此书后，大兴文字狱。此书主旨既是为让人避免犯讳，本该不发生错误。有学者因而疑心雍正在做皇帝时曾用胤禛为御名，乾隆的恼怒正是怕这一秘密泄露给后人。《圣讳实录》的作者名不见经传，但他标榜"实心尊崇君上"，故录出圣讳，"俾天下之士民咸知尊之"。按理，他写的皇帝御讳不应有错。但是《圣讳实录》本身又否定了自己的说法，该书作者就雍正名字的下一个字、高宗弘历名字的上一个字说："愚意天下凡父师为子弟命名取字者，于圣讳中并珍、贞、真、禛、黉、洪、鸿、宏等字异音同者亦当避而不用。"作者既肯定雍正名字下一字为禛，扩大避讳到同音字珍、贞、真、禛，而圣讳曰"禛"，何以同音字中还有"禛"字？是圣讳那儿的"禛"字错了，还是同音字里衍出了"禛"字，这两者必有一误，而从同音字有"禛"字、无"禛"字的情况来看，圣讳那儿写的"禛"，倒是"禛"字之误。总之，凭着这样的在关键问题上出错的资料，说雍正强占胤禛之名还能信得过吗？刘峨是开裱背铺的小业主，刷卖《圣讳实录》原为赚钱：每册工本五文，可卖三四十文，获利六七倍。他只印刷了五十册，才卖出三十余册，可见质量低劣，销售情况惨不忍睹，这不过是为了赚钱而粗制滥造的东西。显然，这类民间读物不能作为断定皇帝御名的可靠资料。

（丙）清代"禛""禛"二字的读音与雍正可以叫胤禛

金承艺推断清世宗不叫胤禛的最重要理由，是康熙不可能用禛、禛二字给两个皇子命名。他说禛、禛两字字形接近，发音"完全相同"，若用这两个字给同时在世的皇子命名，则宫里称呼起来有麻烦，所以不会在十四子胤祯名之外，再有四子的胤禛一名。这种说法值得商榷。禛和祯，在康熙年间不是同音字。《康熙字典》示部的禛字："之人切""音真"（即今拼音 zhēn，注音，国际音标 taŋ）；祯字："知盈切""音贞"（即 zhēng，国际音标 təŋ），是两个不同读音的字。且我们知道禛属真韵，祯在庚韵，韵不一致。禛、祯字义也不同，禛意是"以真受福"；祯意是"祥也"，祯祥之意。是以祯、禛二字异形、异音、异义、异韵，康熙用以分别给他两个儿子取名，不用担心两兄弟的名字分不开、叫不清。《康熙字典》的注音是标准音，民间对此二字读音有无变化是另一件事，我们不妨也略做考察。乾隆时，王鵕作《音韵辑要》，其第十七卷《庚亭》韵中列有祯字，与征字同音，注音"知仍切"（即拼音 zhēng），庚韵；第九卷《真文》韵有真、珍等字，未及禛字，因作者在《例言》中交代"至圣讳俱应恭避"，属于"真文等六韵中应避之字""概不敢书"，故禛字虽应在真韵而未敢载。作者还说遇有南北音异之字，"悉为注明"，可是祯字下无注，表明乾隆时，就王鵕所知，禛、祯仍为两个读音。但上述《圣讳实录》把祯、真列为同音字，实际将禛、祯也视为同音了。可见乾隆时禛、祯二字，有读音不同和相同的两种情况。这一现象，可以理解为一些地区的人，祯字 zhēng 音发不准，而与禛字 zhēn 发音混同了。有学者说禛、祯完全同音，是否有根据呢？1967 年台北出版的《中文大辞典》第二十四册，谓祯："知盈切，音贞，ㄓㄣ，jen，庚（韵），平声"；禛，"之人切，音真，*业勺*，jen，真（韵），平声。"将祯、禛二字都读作真（*业勺*，zhēn），发音没有区别了。我揣测，如果这就是根据，那他也是把部分地区后人对祯、禛读音的不分，扩大范围到康熙时代的所有地区的所有人了。

（丁）雍正伪造名字的不可能

雍正伪造名字，从情理上分析，不会出现这样的事情。

第一，雍正入承大统时，已四十五岁，当贝勒、亲王也已二十多年，他侍从康熙南巡江浙，北狩塞外，西朝五台山，奉命曲阜祭孔，奉天祭祖陵，在征讨噶尔丹时执掌正红旗大营，在朝中参与进士试卷的复查，清查京仓、通仓，代表父皇祭天。这样有着崇高身份地位、参与过一些政务活动、年逾不惑的皇子，他的名字朝中大臣不可能不知道，他若为篡改遗诏而易名，绝对瞒不过知道底细的官僚，这将对继位和长远统治极端不利。雍正同其他兄弟一样，早就参加储位的争夺，如果说要篡位的话，也早有准备，尽可师古人故技，何需出此下策？

第二，如若雍正是为继位而改名胤禛，在位期间，不可能不再更名。在中国历史上，隐瞒真名是一种耻辱的事情。身为至尊，名字是强占他人的（或因他人而假造的），尚无先例。雍正个性极为坚强，为人好于自圣，这样的秉性，绝不能长期忍受伪造名讳的耻辱。再说，皇帝改名，历史上有例可循，不为不祥，如宋太宗本名赵匡义，乃兄赵匡胤将之改为赵光义，他继位后更名为赵炅（《宋史·太宗纪》）。雍正临御十三年不改名的事实，表明不存在盗名篡夺允禵皇位的问题。

（六）

继位事件的影响

　　雍正即位（连同康熙废黜太子、诸皇子结党谋位），是清朝的一个重大政治事件，它不仅是清代政治史上的大事，还关系康熙、雍正两朝的历史，康、雍二帝的历史评价，牵涉《红楼梦》的时代背景和社会意义的研究，以及与嗣位有关的历史文献价值的评判，因此雍正继位史的研究有着不可忽视的重要意义。

　　由于研究者对雍正继位合法问题的不同见解，已经对康熙、雍正二帝及雍正时代产生不同的看法。有的篡位论者把雍正打压兄弟，屠戮年羹尧、隆科多，大兴抄家之风，改变康熙一些政策，收缴康熙及本人谕旨，拿"曾静案"大做文章，惩治康熙家奴，统统归之为雍正因篡位而采取的政治措施，并加以大张挞伐，否定这些做法的合理性。合法论者，把这些举措视作维护新政权的需要，形势使然，不必多所厚非。两派有一个共同点，就是都承认即位前与即位后的政治有一定联系，只是是非评价不同。我认为雍正即位史的研究有如下意义。

清朝秘密立储制的建立

太子问题使康熙朝政治陷入危机，雍正继位才得以摆脱，有鉴于此，雍正着手建立秘密立储制度，以避免出现国本危机。

研究中国土地制度史的学者会注意到《宋史·食货志》提到宋代"田制不立"的特点，我套用《宋史》的话，说康熙以前的清代"储制不立"，即清朝没有固定的立储制度，所以皇位继承三代混乱：清太祖未指定继嗣，死后清太宗自立，也留给后世史家一个讨论的疑案；清太宗没有立储而暴卒，皇弟多尔衮、皇长子豪格等争位，大有剑拔弩张之势，理智的宗室贵族与朝臣扶立太宗第九子福临，因他年仅六岁，不能亲政，仍由宗室辅政，以此消弭可能发生的内战。顺治二十四岁病故，没有来得及建立继承制度，临终在母后孝庄文皇后参与下，决定以第三子康熙为嗣君，理由是他出过天花不致因这个满人恐惧的病症而短寿。顺治、康熙父子皆为庶出，康熙继位时其母妃佟佳氏尚在，顺治并没有在确定康熙为继承人时将她升为皇后。太宗、顺治、康熙继位接班的历史表明，清朝立嗣，没有嫡庶，更没有嫡长的观念，原则是以皇子为范围，从中选择，标准是根据当时的具体情况来定，所以会有很大的偶然性，令后世无法遵循，容易出乱子。

康熙十四年册立允礽为皇太子，其时康熙二十二岁，嫡长子允礽两岁，这样年轻的皇帝为什么要匆匆忙忙地以褓襁婴儿为皇太子呢？康熙自幼受儒家教育，懂得册立储君对于稳定王朝的重大作用，正如他在立太子诏书中说的："自古帝王继天立极，抚御寰区，必建立元储，懋隆国本，以绵宗室无疆之休。"以建储为国本大事，这是康熙的主观认识，当时的政治形势又迫使他急于立储。叛乱的三藩气焰甚嚣尘上，占领长江以南及四川大部分地区，吴三桂又打出反满复汉的旗号，建立周朝，引起人心的骚动，康熙采取一系列军事、政治对策，册立皇太子，表示清朝政权稳固代代都有传承，以稳定人心，用他的话说是"以重万年之统，以系四海之心"。这是针对吴三桂的政治攻势，在当时起到应有的积极作用。

　　康熙立允礽，采用汉人的嫡长制。嫡长制早在周代开始施行，历代沿用，汉人对已固定的皇位继承制度和传统习惯能普遍接受。即使如此，实行中也不时出问题，如唐代就发生过玄武门之变、唐太宗太子李承乾谋反等大事件。汉人的太子制，有一套处理国君与储君、储君与皇子关系的准则，避免出现因太子而产生的矛盾。如前所说，满人没有嫡长制观念，康熙更多地考虑的是当时的政治形势，而对此显然观察不够。他很关心皇太子的思想、文化、武术的教育，从政的训练，有要事出京就以皇太子监国，这都是学习汉人的做法。但是汉人皇帝极少出巡，因此太子也就少有监国的可能。康熙不同，三次亲征噶尔丹，正式令皇太子监国，此外六次南巡，经常秋狝，也给了皇太子一些理政的机会。

太子理事，成为名副其实的一君（副君），分割了皇帝的一部分权力，使国有二君，独裁的君主自然受不了，所以康熙总是说"天下之事，岂可分理乎"？储君立的时间长了，不甘于副君的地位，总想早日正位，所以当了近四十年太子的允礽有着尽快登基的焦急心情，这样皇帝与皇太子之间为权力分配产生严重的对立，到康熙第二次废黜允礽时已是不可克服的矛盾了。汉人太子制下，除了战乱年月，一般不用皇子管理政事，如靖难之役以后的明代就很典型，皇子封王，食俸禄，不参与任何军民事务。康熙不同，派皇子领兵打仗，参加各种祭祀，联络官员，了解民情，这种办法锻炼了皇子；但是有些皇子权势欲膨胀，以致觊觎太子地位，所以出现皇子结党谋位的你争我夺现象。康熙立太子虽在初期起过积极作用，但从总体上讲是失败的政治举措，是项败政。

康熙的失败，有主观和客观多方面的原因，他对汉族嫡长制认识不全面，尤其不懂得实现它的条件，让皇太子和诸皇子从政，造成错综复杂的矛盾关系，成为最大的失误。皇子预政，是后金、清朝一脉相承的政策，它对清朝的建立和巩固起过重要作用。康熙继续使用它，不料情况变化了，与已经建立的皇太子制度发生矛盾，反倒生出事端。前面说到嫡长制在汉人中也难完全实行，储位之争也难避免，这是因为皇权至上，皇子们垂涎这个位置，在皇帝、皇储、皇子中有任何一方处理不善，就会发生问题，康熙及其儿子也因此陷入恼人的纷争之中。综而论之，君主专制制度是造成争夺储位和皇位的根源，这个制度的独裁性质，又使得储位问题难于合理解决。康熙所碰到的还不仅是这些一般问题，他打破清朝储制不立的习惯，毅然学习汉人的嫡长制册立皇太子，但是没有摒弃清朝皇子预政的传统，也缺乏善待皇太子的办法，加之，自己又寿长，终于产生棘手的储位之争。

储位斗争，扰乱了康熙朝政，使清朝陷入政治危机中。这个斗争如果从明珠与允禔、索额图与允礽各自结党算起，到雍正朝曾静案的清算截止，前后经过四十余年；若从严惩索额图党人算起，有二十余年的历史；即以最严重的时期讲，自第一次废允礽至康熙故世，也有十五年的历史，是历时长久的重大政治事件。斗争以结党的形式表现出来，它使宗室王公、外戚、满汉大臣、一部分中小官僚和士人，以及某些西洋传教士都卷了进去，涉及的社会面相当广泛，一些集团垮台了，一些人遭到清洗，以至丧失生命。党争令大臣无所适从，造成政治上的混乱，人心惶惶。党争者需要经费，与赃官勾结，对百姓敲诈勒索，贪污盗窃，大作买卖，巧取豪夺，影响人们的正常生活，造成康熙末年社会矛盾的加剧。储位之争削弱了清朝的力量，大大损害皇帝的健康，同时影响了皇帝的权威，降低了行政效率，出现严重的统治危机。皇储之争留下严重的后遗症，党争的皇子授人以柄，胜出的新皇帝不得不给有功者以重权，是以雍正初年出现"佟选""年选"擅权自专的非正常现象，而后不能不制造年羹尧案、隆科多案，成为另一种意义上的败政。

雍正是经历过储位争夺的过来人，深知其害，大权在握之后，更加体会到它对皇权和稳定政局的危害。从祖先的做法中，认识到不立皇储是传位制度的不完善，照搬汉人传统的嫡长制也不行，遂提出秘密立储的方法。雍正元年八月，在大内乾清宫召见总理事务王大臣与满汉文武大臣，把事前先写好的确定储君人选的谕旨密封装入锦匣内，放置在宫内正中顺治亲书的"正大光明"匾额的后面，同时明定：待他日皇帝去世，打开匣子，由被指定的嗣君继位。雍正之所以要让亲信重臣和满汉大臣都到现场，为的是使他们成为秘建储君的见证人，保证日后储君的顺利登基。这是中国历史上前所未有的举措，它具有立储的作用，且克服公开建储可能出现的弊病。秘密立储，尽管连储君本人在内的群臣都不知道人选是谁，但国本已经确定，人心有归系，皇帝不讳事出，国家就有新君，不会发生动乱，这同公开立太子的作用没有两样。密建的太子，因为没有举行正式的仪式，也不知道是谁，皇帝如果发现他不合适，想要换人遇到的阻力会小得多、影响也小，这样对皇太子的选择余地广又没有嫡庶的限制，选贤的成分比嫡长制更多，也比明立太子好。秘密立储，不会发生储君与皇帝的冲突，诸皇子不知储位属谁，也无攻击目标，皇子与储君之间不会手足相残，同时仍可放心令皇子、皇储从政历练，不失满洲的传统。

雍正就以这种方法，预定乾隆为储君。他驾崩之后，乾隆开启锦匣、取出密诏继位，没有发生任何继承问题。雍正的秘密立储办法至此成功达成目标，并且传诸后世，乾隆、嘉庆、道光相继采用这个办法立储，咸丰只有一个儿子无须预立储贰，同治、光绪无子，更无这个必要，倒不是秘密立储法不可行了。密建储君成为清代传嗣家法，行之有效。

清代由储制不立，经过实行嫡长制的失败，到确定秘密立储制度，完善了嗣位制度，这在历史上是个划时代的创举，是有利于皇位传承、稳定政局的好办法。这项制度是雍正政治才能的体现，但是迫使他下决心解决传嗣问题的原因，还是康熙朝激烈的储位之争及其产生的严重危害。康熙对继承人简选于胸、临终宣布的做法，给了雍正极大启迪。所以清代秘密立储制度的确立，也可以说是康熙朝储位之争的产物。

雍正"严猛"政策的实行

雍正即位，实行兴利除弊的政治革新路线。他的政治思想来源于康熙后期社会状况和亲身参与储位争夺的经历。基于争夺储位的需要，他产生了"严猛"思想，继位后又进一步发展，形成完整的政治方针。

雍正经常告诫他的臣下，时刻注意他是在藩邸度过四十多年的雍亲王，不要以为有什么事能欺蔽他。他以此经历而自负，说他比康熙阅历广博，因为乃父长于深宫，了解民情有限，即使以藩王入承大统的明君汉文帝也不如他阅历丰富。他说："凡臣下之结党怀奸，夤缘请托，欺罔蒙蔽，阳奉阴违，假公济私，面从背非，种种恶劣之习，皆朕所深知灼见，可以屈指而数者。"他自诩的资本其实就是在结党谋位之争中得到的历练，把政情、舆情都完整摸透。他看到官员的结党营私、满汉的矛盾、吏治的败坏、国帑的亏虚、八旗制度的废弛、行政效率的低下，若再不严加整顿，将会出现统治危机。因而形成改革思想，用他的话说是"雍正改元，政治一新""移风易俗，跻斯世于熙皞之盛"。

雍正改革的精神是实施严猛的方针政策。在储位之争中，他就主张严猛路线，登基后提出全面的看法：他认为宽仁与严猛是互相配合的关系，当宽仁方针出现涣散局面的时候，就要用严猛来纠偏，当严猛使百姓忍受不了时，又要实行宽仁之政，因此施政方针需要从实际情况出发，"当宽则宽""当严则严"。他认为继位时的形势，是官员怠慢已久、百弊丛生，继续听任下去就不得了，解决的办法是用严猛代替宽仁，为此着意搜剔弊端，反对官员得过且过态度和墨守成规观念。思想上他其实不反对宽仁路线，认为这是一个好政策，只是这时的情况不容许，所以也不怕别人以"不行仁政"来攻击他。

雍正在兴利除弊思想支配下，清理财政，以抄家强迫贪官赔补亏空；实行"耗羡归公"和养廉银制度，以减少官员的横征暴敛和贪赃舞弊；推行"摊丁入亩"和"士绅一体"的政策，取消人头税而总体税收又不减少，即相对增加有产者的税额，减轻贫民的负担；推行和完善奏折制度，建立军机处，强化皇权和提高行政效率；实施"改土归流"政策，加强对边疆的治理；废除贱籍，解放生产力。雍正在短短十三年统治中所做的这些事情，使他无愧为历史上一个卓有成效的改革家。

要是没有储位之争导致的积弊，没有激烈的党争，没有从政的实践经验，雍正就不会产生兴利除弊的思想和严猛的施政方

"为君难"印章

针，也就很难有雍正朝的改革和社会进步。康熙朝储位之争本身是坏事，但雍正从中总结经验，进行政治、经济、社会制度改革，走出康熙末年的政治危机，造成社会前进的新生机，使坏事变成了好事。

上面大致交代了雍正严猛政治的内容，具体措施和成效究竟如何，将以田文镜抚豫、废除贱籍两项个案作出比较具体的说明，以便进一步明了储位之争对雍正政治的影响。

除弊兴利的典范——田文镜抚豫

雍正将田文镜树立为模范督抚，不遗余力加以表彰、栽培。田文镜于二年（1724年）初，出任河南布政使，同年升巡抚，五年晋总督，统理军民事务，次年为河南总督，兼辖山东，十年底死于任所。他治豫九年，朝野注目，毁誉不一，而以责难为多。他的政治生涯与雍正皇帝紧密相连，因此对他的评价必须放在整个雍正时代的历史内作比较性的考察。

（甲）耗羡归公、整顿吏治与保证国课

火耗，亦称耗羡，是一种附加税。官府向农民征收钱粮，说民间交纳的是零碎银子，要铸成银锭保存，加工的过程中会有损耗；而交纳的粮食，在仓库会被鼠雀吃掉，这些额外消耗，应由税民补偿，即在应交的税额之外，加收若干成，是为耗羡。

康熙末年，吏治败坏、国帑亏损，火耗陋习尤为严重。各地所加火耗比例不一，少的在正税一成左右，多的达到八成，一般的在三四成之间，从而成为农民的沉重负担。耗羡由州县官征收，他们除用作必要的办公用费，就是拿来向督、抚、司、道、府上司送礼，其余的落入私囊。山东巡抚黄炳在雍正元年奏报，旧有各属节寿礼银六万余两，两司羡余银三万两，驿道、粮道规礼银各二千两，盐道及盐商规礼银各三千两。表明巡抚每年因耗羡得到的好处，是十一万余两的银子。所以火耗同各种陋规相联系，还带来国帑亏损的问题。州县官为确保私人及官场往来用度，征耗银严于收钱粮，收了的钱粮往往挪作他用，不能上交国库。如康熙六十年，川陕总督年羹尧奏报陕西西安等四府一州亏空正项银九十余万两。火耗关乎着吏治、国课，康熙也深明于此，但他晚年已没有精力予以整顿。有官员奏议规范火耗数额，康熙说如若明定额数，人无忌惮，必将更加多收。陕西巡抚噶什图建言将火耗除留州县用度外，多余的归省里，用作公共事务。康熙不予批准，还说征收火耗原是地方官的私事，若允许部分归公，就是使它合法化，而他本人将得个"实行加派"的罪名。

雍正即位，就有官员提出耗羡改革的主张。元年五月，湖广总督杨宗仁提出与噶什图类似的建议：在州县加一耗羡内，拿出二分，"支解藩司，以充一切公事之费，此外丝毫不许派捐"。雍正与父皇的态度截然不同，大力支持，勉励他好好实行。同年，山西巡抚诺岷首创耗羡归公法；次年初，河南巡抚石文焯也着手施行。田文镜到豫后积极协助他，不久石文焯调任，田文镜坚持贯彻，并逐步解决推行中产生的问题。

控制耗羡比例。据记载河南原先的火耗，每两增收八钱，弄得民不聊生。石文焯和田文镜针对这种弊情，减轻耗羡比例。他们因各州县火耗多寡历来不一，就不在全省作统一规定，但都按比例降低，于是最少的地方正额税银一两，另征耗羡银一钱一分，最多的征一钱七分，全省平均一钱三分挂零。当时河南额征地丁银三百零六万两，约征火耗银四十万两。

确定养廉银。州县官征收耗羡，全数上交布政司，叫耗羡归公，然后由省里给他们发放补助费——养廉银。田文镜依据属员官职大小确定给予相应数量的养廉银：知县小县每年一千两，中县一千二百两，大县一千四百两，道员三千两，河南总督二万八千九百两。另从耗银中抽出一部分给州县官，作为公费银。耗羡提解，确定官员养廉银数目，原意是使官员知道，加耗再多也不会多留给他，以制止其大肆加征，同时也使他们能够维持过得去的生活，所以耗羡归公与养廉银两个制度同时施行。

取缔陋规。耗羡归公后，若上司仍向下属索要礼金，州县必然还会在耗羡之外再行加派，则横征暴敛愈演愈烈。石文焯考虑及此，在实行之初，就将巡抚衙门一切节寿规礼，尽行革除。田文镜更能以身作则，不收下属规礼。田文镜还把禁止官员送礼扩展到取消土例。原来开封府特产的绫、绵、手帕、西瓜，归德府的木瓜、牡丹、永枣、岗榴，怀庆府的地黄、山药、竹器，汝南府的光鸭、固鹅、西绢，平原州县的麦豆，水田州县的大米，附山州县的木炭、兽皮、鸡鸭、鹿、兔等类，上司都强令下属缴纳，经手的家人像收正税一样，还要承交人奉送门包。田文镜自任巡抚起，土特产一概不收，严禁地方官交送。

弥补亏空。田文镜就任布政使，就着眼于追查亏空。根据他的奏报："臣不遗余力檄委各府州互相觉察，设法严查，总期彻底澄清，不容纤毫短少。"田文镜将耗羡银提出来，有步骤地补偿前任官员本身不能清还的欠款，至雍正二年就把欠在藩库的款项补清，欠在州县的三四十万两也严催急补，到雍正十一年（1733年），河南布政司库存耗羡银七十多万两，雍正因而说："此皆原任总督田文镜在任多年，殚心经理之所储蓄者。"耗羡银储存这么多，正项钱粮的清楚缴纳自无问题。

田文镜推行耗羡归公的同时，着手打击贪婪不法的官员，到雍正四年已参劾属员二十二人。克山县知县傅之诚，吞没雍正元、二、三年的耗羡银一千四百多两，田文镜认为耗羡银虽非正项钱粮，但既经提解归公，岂容吞没，遂将他革职题参。是以提解火耗的实行，就是整顿吏治的过程，它使河南官场恣意加派、收受规礼、互相包庇的恶劣风气和败坏的吏治有所改变。

耗羡提解由诺岷始行于山西，河南也是最早实行的省份之一，因此这个政策在全国的推行，晋、豫二省起了示范作用。

田文镜的耗羡归公政策，使原先被侵蚀的国赋，用本来为官僚私有的耗羡加以补偿；确定养廉银制度，防止官僚侵吞，保证国课不致短缺；控制火耗比例，禁止地方官恣意加派，也保障百姓完纳正税。这个政策的精神是为了确保清朝政府的赋税收入，做到国库充盈，而打击贪官污吏、整肃吏治，则是实现这个目标的必要条件，也是它的必然结果。

（乙）平均赋役，协调绅衿与国家、与平民的关系

耗羡归公，就包含解决缙绅与平民耗羡负担不合理的问题。乾隆初，礼部侍郎钱陈群说："康熙年间之耗羡，州县私征，往往乡愚多输，而缙绅士大夫以及胥吏豪强听其自便，输纳之数较少于齐民。"田文镜亦指责某些地方官："征收钱粮，滥加火耗，绅衿上役不令与民一体完纳，任其减轻，而取偿于百姓小户。"火耗原应根据田赋征收，但是官吏却将绅富的负担转摊到贫民小户身上，极不合理。这只是官吏在施政过程中给予士绅的一种不成文特权。缙绅还获得政府特许，称为"儒户""宦户"，借此为非作歹。田文镜说有的缙绅"凭借门第，倚恃护符，包揽钱粮，起灭词讼，出入衙门，武断乡曲"。他们的不法行为，特别是将赋役、耗羡转嫁到平民身上，所谓"一切费用尽出穷民"，"孤弱百姓俯首承办"的局面，致使穷苦人怨恨官府，影响社会稳定。为解决这些矛盾，田文镜把打击不法士绅作为重点施政方针，他的措施是：

士民一体当差。雍正元年，河南巩县知县张可标发出"生员与百姓一体当差"的告示。二年，封邱令唐绥祖因黄河堤防须用民工，规定每田百亩出一夫役，绅衿也不例外，所以田文镜说它"正与绅衿里民一例当差之例符合"。

严禁缙绅包揽钱粮和词讼。田文镜素知劣绅与胥吏串通包纳粮赋的积弊，获悉有的地方官向包税人"预借钱粮应用"，乃于雍正三年发出严禁包揽钱粮的通令，"设若生监故违，即行斥革功名、枷号示众，若官吏朋比为奸，定行题参"。对于缙绅动辄

兴讼、干预官府的恶习，田文镜严加惩处。雍正五年，乡绅和景惠"捏造匿名揭帖"，田文镜奏其诬告，雍正将和景惠处以绞刑。

摊丁入亩。雍正二年直隶巡抚李维钧实行摊丁入亩制度后，各省相继仿行。四年（1726年）四月，田文镜在处理河南积弊时，已部分贯彻摊丁入亩的精神，把没有土地的少壮农民的应纳丁银，分担到地多粮多的人户。八月，田文镜请求在河南推行摊丁入亩，他的理由是丁银按人征收，对贫民是个负担，造成民间苦乐不均，不若摊到地亩，使赋役均平。他的办法是以县为单位，把该县原额丁银摊入全县地粮中征收。不管纳粮户是否为绅衿富户，一律按地亩增纳丁银。如确山县，每纳银一两的地，派入丁银一分八厘。雍正予以批准，命从次年开始实行。丁银不按人丁而依田亩征收，使无地或少地的百姓减轻负担。雍正说"丁银摊入地亩一事，于穷民有益，而于绅衿富户不便"，所以实行摊丁入亩制度，是政府为保证丁银征收强，令富户代替贫民缴纳的有效措施和制度。

严惩罢考生监。缙绅对他们特权的限制大为不满，时刻伺机反抗。雍正二年五月，封丘生员王逊、武生范瑚等人反对绅民一体当差，拦截知县唐绥祖，不许他实行按田出夫的办法，声称"征收钱粮应分别儒户、宦户，如何将我等与民一例完粮、一例当差"，强烈要求维护他们的特权。不久，河南学政张廷璐按考到开封府，封丘生员举行罢考，范瑚还把少数应试生童的试卷抢去。事情发生后，田文镜报告雍正，终将王逊等斩决，维持士民一体当差政策。

制定主佃关系法令。对于不法绅衿的惩治，田文镜还想通过法律把它巩固下来。雍正五年上疏，请将苛虐佃户的乡绅按照违制例议处，生员监生及吏员则革去职衔。雍正说他只考虑缙绅欺压佃户，没有顾及佃户拖欠地租及欺慢田主，为了公平起见，从而定出主苛虐佃户及佃户欺慢田主的律例："凡不法绅衿，私置板棍，擅责佃户，勘实，乡绅照违制律议处，衿监吏员革去衣顶职衔，照律治罪；地方官容隐不行查究，经上司题参，照徇庇例议处，失于觉察，照不行查出例罚俸一年。如将佃户妇女占为婢妾，皆革去衣顶职衔，按律治罪……至有奸顽佃户，拖欠租课，欺慢田主者，照例责罪，所欠之租，照数追给田主。"生员监生擅责佃户，除革去功名，还处以杖八十的刑罚。清朝法律，一般拷打监禁，罪止杖八十，雍正定律例，将缙绅擅责佃户以满刑论处，显示出禁止缙绅欺压佃户的严厉态度，它还表明佃农的法律地位和地主是平等的，起码在这里是如此。清代法律专家薛允升议论到这条律例，有所不解，也有所不满，他说："佃户究于平民不同，擅责即拟满杖，似嫌太重。"由此可见，这个关于主佃关系法令的制定具有不容忽视的意义。

田文镜用这些措施调节缙绅、平民、清朝政府三者关系，以剥夺缙绅的非法特权、平均赋役为条件，使这三者间的矛盾得到一定程度的缓解。

（丙）着眼催科，漠视民瘼，大报祥瑞

有田必有赋，民间为逃避赋税，往往隐匿垦田。雍正二年，经雍正批准，田文镜推行"自首隐田"政策，办法是允许民间自首隐田，当年开始交纳钱粮，已往所隐，不拘年份，不再追征。推行当年查出隐地两千五百多顷。清查数量的多寡，关乎地方官的考绩，他们也设法督令百姓自首隐田，以至西华县知县独出心裁，不论民间有无欺隐，凡"民户内有粮地一亩，派令首垦三分"，即按现有税田的百分之三的数字摊派民间。这就损害了一般民户的利益。

田文镜重视垦荒，严饬地方官督垦。地方官为显示政绩，虚报垦田数字，而把相关应纳的税粮加派到现有耕地上，加重了士民的负担。有的地方官实事求是，不肯虚报垦田，如署理温县令顾以楷，对"督院严饬耕荒，独抗温地无荒，宁弃官不以虚粮累民，殊忤宪意"，在所不顾。

据田文镜、王士俊主修的《河南通志》记载，康熙九年（1670年）至六十一年的五十三年中，河南全省报垦和首隐的粮田共十二万六千九百顷，雍正元年至八年的八年间，垦首田地五万一千四百顷。这就是说，康熙年间河南平均每年增加田亩近二千四百顷，雍正年间则为四千六百多顷，后一时期比前一时期的增长速度高达2.67倍，赋税从而增多。这同田文镜的强力督办有关，一方面是不容民间有隐田、垦荒必报，另一方面地方官为显示政绩，也会虚报垦田数字，强迫民间多纳钱粮。

豫省有漕粮二十多万石，每年十月开征，十二月收清开始漕运，定限次年三月初一日送抵通仓。运输归河南负责，航线是由卫河进入大运河，转运地点在直隶大名府大名县小滩镇。但这里远离交粮的州县，且河道多沙石浅滩，需要经常疏浚，而此地不属河南管辖，浚河工程很不灵便，因此河南漕粮常常要到五六月间"方得出境"，不能及时交仓。田文镜为按期运至通州粮仓，于雍正三年请求将兑运地点改到卫辉府水次，把直隶大名府所属的溶、滑、内黄三县改归河南辖治，直隶总督李维钧因其属县要被划走，持有异议，雍正从漕运大局考虑则予批准。事情立见效果，当年的漕粮，田文镜于四年（1726年）正月十七日全部运出河南，比往年大大提前。七年（1729年）的漕粮，更早在当年十月二十六日全部运出河南，这样经过兑运地点和行政区划的变动，使河南漕粮完纳的状况大大改观。豫漕的按期和提前交仓，从财政上大大支持了中央政府。漕粮应于十月开征，田文镜竟然在当月下旬就完成征收并兑运完毕，就不能不使人怀疑他提前开征，而且催科一定很急，否则不可能有那样的效率。而这样一来，纳粮人要在刚刚打出新谷时立即完赋，承受胥吏逼迫催缴之苦。

雍正七年八月，田文镜说河南"数年以来，丰登屡庆"。他报喜不报忧，不仅夸大农业收成，更严重的是匿灾拒赈。八年（1730年），河南许多州县灾情严重，田文镜说只是夏秋之交雨水较多，但没有成灾。雍正据此指示按实际收成减免钱粮，可是田文镜奏称：河南连年丰收，今春麦季收成又好，"民间家给人足"，税粮不须减免。非但如此，他还加紧催征漕粮，九月底，就说河南士民"咸知急公慕义，是以今岁漕粮甫经开征，即争先输纳""不日即可全数通完"。在重灾之下催征钱粮，其严刑追比的惨景当可想见。至于赈济，就更无从说起了。灾民被迫逃荒他省，湖广总督迈柱将他们遣送回籍。到次年春天，祥符、封丘、阳武、原武、荥泽、郑州、中牟等地饥民"沿途求乞，而村镇中更有卖鬻男女"。饥民无法生存，群起勒令富人借贷，雍正看到事态严重，派刑部侍郎王国栋往河南办理赈灾。这时有人密参田文镜"匿荒不报，忽视民艰"，雍正包庇他，说他是"实心任事之大臣，必无漠视民艰之理"，对他不作任何处分，反指斥告密者是"摇唇鼓舌"。

田文镜在雍正元年奉命祭告华山，路过山西，"目击民瘼，直言无隐"，取得雍正的信任和重用，山西巡抚德音因此遭到撤职。七年后，田文镜犯了同德音一样的错误，而处理却大相径庭，这当然由于他是雍正宠臣的缘故。但是光是这一点远远不够，还应当看到他配合雍正大搞祥瑞特别卖力这层关系。雍正五年，田文镜进呈一茎十五穗瑞谷，雍正说这是他"忠诚任事"感召的天和，加以表扬。田文镜又报孟津县农民翟世有拾金不昧，雍正高兴地说这是"风俗休美之明征，国家实在之祥瑞"，田文镜则把这些归功于皇帝的上感天心，他说："皇上御极，天心协应，叠见嘉祥。"可见田文镜大肆制造祥瑞，正与雍正宣扬"天人感应"的愚民思想合辙，适应了雍正巩固自己政权的需要。所以不管客观情况如何，祯祥屡现的调子总要唱上去。田文镜既以祥瑞见告，就没有办法再报灾荒，只好匿灾拒赈。这是他们君臣搞祥瑞政治的必然结果。雍正有感于此，自然会对田文镜曲加庇护。

田文镜搞自首隐田、垦荒、改进漕运模式、匿灾征粮，有一个共同的地方，就是及时地征收和起解钱粮。田文镜打击贪官污吏和不法缙绅，同时对民间强行多征钱粮，这三个方面，构成了他施政的基本内容。

（丁）雍正刷新朝政的体现

田文镜生前屡遭内外官员的弹劾，声名狼藉，他的主子兼保护人雍正一死，风潮更刹不住。乾隆在即位的第四个月，就说田文镜"苛刻搜求，以严厉相尚，而属员又复承其意指，剥削成风，豫民重受其困，即如前年匿灾不报，百姓至于流漓"。一句话，他行的是苛政。史家和文人对田文镜笔伐不已，萧奭在《永宪录》中说他对待下属颇为苛刻，"上禁赌博则奏河南独无，上勤赈恤则报丰收"，是专门窥测人主之意的小人。袁枚曾将田文镜与李卫做一番比较，说田文镜奏禁铜法，"请民间有抛掷制钱者拟军，又奴婢首主人藏铜器者许脱籍，治其主人之罪"，从而认为他心术太坏。这类观点一直流传至今，《辞海》对于他的政策则说："匿灾不报，苛征田赋，致百姓流离。"称赞田文镜的主要是雍正，在上谕和田文镜奏折的朱批中不厌其烦地说了这些话：

"（田文镜）整饬河工，堤岸坚固，河汛安澜，年岁相稔，绅衿畏法，正己率属，地方宁谧，而每事秉公洁己，谢绝私交，实为巡抚中之第一。"

"（田文镜）忠诚体国，公正廉明，是以豫省境内吏畏民怀，本省之人及往来经过者皆称为乐土……若各省督抚皆能如田文镜、鄂尔泰，则天下允称大治矣。"

"田文镜老成历练，才守兼优，自简任督抚以来，府库不亏，仓储充足，察吏安民，惩贪除弊，殚竭心志，不辞劳苦，不避嫌怨，庶务俱举，四境肃然。"

一方面责备田文镜为苛刻酷吏，一方面夸奖他为"巡抚中之第一"，而所据事实，主要就是前面三个小结所讲的那些，此外没有更重要的东西。问题是人们对这些事情的看法不一，争议很大。雍正以最高统治者誉他为第一个好督抚，是把他同自己的政治生命联系在一起。雍正在他的奏折上批写"尔乃领悉朕意之人""卿之是即朕之是，卿之非即朕之非"。雍正曾自惭用人不当，说："假如诸臣之中，不得田文镜、鄂尔泰，则朕之罪将何以谢天下也。"他们真是君臣一体，鱼水难分。雍正褒奖田文镜不仅是为了支持这个宠臣，也是坚持自己的政策，为自己的路线辩护。乾隆谴责田文镜，又何尝限于这个已故的封疆大吏。他说："夫移风易俗者郅隆之上理也，然必渐民以仁，使民日迁善而不自知。倘为督抚者，一有移风易俗之见存之于心，宣之于口，朕知其不但不能移易乎风俗，而风俗且受其弊。何者？彼不知因民之道而日事趋民之术，势必更张成法，烦扰地方，为吾民之苦。他如献祥瑞，报羡余，匿水旱，奏开垦，改土归流，更隶州县，所云揆之人事则悦耳，论之阴阳则伤化，其不以此也欤！即据河南一省论之，田文镜匿报灾荒于前，王士俊报垦荒于后，小民其何以堪？"这不仅是在责难包括田文镜在内的督抚大员，几乎直接指向雍正朝的所有政事，在这里，田文镜不过被当作箭靶子罢了。乾隆不满意乃父的政策，想要调整路线，又不便直接攻击父皇，只能拿臣下来开刀。时人深明其言下之意，乾隆元年（1736年）王士俊说，时下大臣的奏议，"只须将世宗时事翻案，即系好条陈"。可见，乾隆初年高宗掀起一股否定前朝政治的风浪，那时已故的田文镜便成为被批判对象。清人及现代人对田文镜的批判，多半也是因讨厌雍正，因而及于这个皇帝的宠臣。看来，田文镜同雍正密不可分，他的仕途与雍正朝政治紧密相连，他们的关系是：

第一，田文镜的行政体现了雍正"振数百年之颓风"的革新精神。

雍正在康熙末年激烈的储位之争中获得胜利，已表现出他的才能。他一登基，就期望刷新政治。他有抱负，曾就湖广总督傅敏、巡抚宪德察奏前任巡抚郑任钥违禁贩卖硝黄一事说："凡事当如此，据实入告，方可以振数百年之颓风，若将此以为严刻，云发人之隐私，而互相蒙隐，则私弊何日得理，吏治何由能清。"又说："汝等科甲出身之人……如李绂、郑任钥等之营私作弊，转不如非科甲之人矣。非科甲者作弊易于败露，科甲之人作弊，巧诈隐密，互相袒护，往往不即败露，其害转大。汝等宜思天人感应之理，丝毫不爽，果能至诚秉公，致朕于尧舜之君，朕必委曲保全，尽令尔等为皋夔稷契之臣，将唐宋元明积染之习，尽行洗涤，则天下永享太平。"雍正要荡涤"唐宋元明积染之习""振数百年之颓风"，口气很大，犯了夸夸其谈的毛病。但是，他是个励精图治的君主，唯日孜孜，勤求治理，特别是前面提到的那样，他主张循名责实，反对因循守旧，革新正是他的政治思想，而且他讲这些大话，是同具体事情联系在一起的，并不是无的放矢。他的政治革新主要内容是：

厘革官场恶俗，澄清吏治。雍正所针对的问题是官吏因循苟且，沽名钓誉；肆行违法，营私舞弊；互相包庇，结成党援。他要求官员以君主之是非为是非，只对皇帝负责，对君上尽忠，不讲私情，不顾及亲友、同僚、师生同年、上下级、同旗籍等关系。

实行经济改革，整理财政。雍正责备郑任钥是就其违反经济政策而展开。他改革税收法规，实行摊丁入亩、耗羡归公等多项制度；注意发展农业生产，加强对仓储的管理；创行养廉银制度，企图减少低俸禄情况下官员的贪污；厉行打击贪赃盗窃，不许官员留任弥补亏空，不许通省官员捐俸工代替贪官清偿，务使他们吐出赃物赃款；在中央，设立会考府，查核"一应钱粮奏销事务"，以消除"部费"弊端。这些经济措施，有利于改善大清朝廷与地方的财政状况。

严惩不法缙绅，改变士习。雍正决心扫荡由来已久的刁恶士风，采取了种种措施。下令取消"儒户""宦户"，不许缙绅享有本身免役以外的特权。加强对生员监生的管理，每年年底，要五生互保没有抗粮、包讼事情；完粮后方准应试；犯罪加等议处；涉及诉讼，即革去功名，听候审理。严厉打击互相勾结、狼狈为奸的缙绅和官员。雍正认为士风尤其不正的地方，需要特地调遣官员去加以整饬，如向浙江、湖南、福建、广东等省派遣观风整俗使。

田文镜带头实行耗羡归公和养廉银制度，勤于办理钱粮事务，厉行清查亏空，毫不留情地题参贪赃营私的官吏，打击与他们相勾结的不法缙绅，镇压罢考生员，倡议改订主佃关系法令，都是围绕雍正整顿吏治、清理财政、移风易俗的总政策而采取的措施，体现了雍正的"振数百年之颓风"的革新精神。

第二，田文镜的严苛是雍正严刑峻法施政手段的体现。

雍正说："一切政治，但务宽严相济……政宽则民慢，慢则纠之以猛，猛则民残，残则施之以宽，宽以济猛，猛以济宽，政是以和。"他说这些话，不过是认为父皇为政主宽，而他应当代之以严。当然严不是目的，是他推行政策的手段。在施政中，他一旦遇到阻力，就坚决清除。他的严，主要表现在对不法官员的撤职、抄家和对民间的控制上。当地方主官奏参下属贪婪不法时，雍正大多批准革职审问。他为清查直隶仓储，派数十名官员前往，预备接替因亏空而罢任的州县官。光是江西清仓，就撤换了几十个官员。罢官并不算完，还要补清赃款和亏欠，不能偿清的就抄没家产，并责令他的亲友帮助赔偿。这样影响到一大片人，所以社会上流行着皇帝"好抄没人之家产"的说法。雍正为打击贪吏，采取了一些非常手段，如州县官亏空钱粮，其中属于侵欺性质的罪过要大于因公挪用的，但清查时，官员往往将侵欺报为挪用，以图减罪。雍正为堵塞这个漏洞，就命令在赔偿时，先补挪移，后清侵欺，看似把轻重倒置，实际上却是整治劣员的权宜办法。

最后，总括田文镜抚豫与雍正新政之间关系，我的看法是：

田文镜治豫初年，针对康熙末年吏治败坏、国库亏损问题，实行雍正的兴利除弊方针，使得河南财政状况根本好转，一定程度上刷新了吏治。他的行政对当地社会发展有利，并对雍正革新政策在全国的推行起了促进作用。

田文镜反对的是历久相沿的积弊，涉及众多的官僚、缙绅，不采取严厉措施，就不能压服那些打击对象。因此，对他的严酷施政手段，不宜仅就它残暴的一面作过分指责。积重难返、欲治痼疾，就不能怕下重剂了。他不徇私情，不怕得罪人，是执行雍正的严猛施政方针的最好人选。

总之，田文镜以雷厉风行的作风，推行其主子的改革政策，成为模范督抚，他的治豫模式，在很大程度上体现了雍正的政治。

赦免贱民，施行仁政

雍正废除了山西、陕西乐户，安徽世仆、伴当，广东疍户，浙江、江苏丐户（堕民）等贱民的贱籍，是清代历史上有一定影响的大事件，还在清朝，就引起了一些学者的注意，如嘉道时期俞正燮的《癸巳类稿·除乐户丐户籍及女乐考附古事》，叙述清朝解除乐户、丐户贱籍的历史。晚清李慈铭在《越缦堂日记》中，把这篇文章和俞氏的其他几篇文章说成是"他日国史所必需者"，表明对除豁贱籍的重视。现代人也关注于这类贱民的命运，鲁迅就是一位。

我这里不全面剖析雍正解除所有贱民身份的历史，仅论及浙江、江苏丐户的除籍进程、原因和历史意义。

（甲）浙江堕民、江苏丐户的名籍和职业、身份

民户的属籍，关系到人们的职业、地位和对政府的义务，而且不可变动，因此研究堕民的削籍，首先要弄清他们的户籍属性。

浙江绍兴、宁波和江苏苏州有一种人，当地叫作"堕民""堕贫"，属籍上称为"丐户"。丐户，字面上容易引起误解，以为他们是乞讨的穷人，其实并非如此，它是特定人群的身份。明朝人冯梦龙编的《古今小说》中的《金玉奴棒打薄情郎》写道："若数着良贱二字，只说娼、优、隶、卒，四般为贱流，到数不着那乞丐。看来乞丐只是没钱，身上却无疤瘢。"这种小说家之言，倒真实地反映了乞丐的良民身份。作为堕民的丐户，"其人非丐，亦非必贫也"。他们的丐籍身份，同贫穷乞丐的民户，在户籍分类上截然有别，更不同于军、民、匠、灶等的良人户，它不属于齐民百姓（良民），而是贱民的一种。雍正的削籍堕民名籍，就是豁除其丐户户籍。

丐户的来历，雍正给他们除籍时已经弄不清楚了，我从文献记载的诸多说法中获知：他们是南宋以来政治斗争胜利者报复的产物，除了对政敌直接肉体消灭外，又大肆株连，把他们的亲属严密控制起来、横施迫害，乃至贬为贱民。因此，堕民丐户是古代专制皇权残酷政治的产物。

丐户不是靠乞讨为生，又不能从事一般良民的正常职业。但是人们中最需要丐户的还是社会的上层，因为他们讲排场、摆阔气，即使平常的宴请亲友，也要"罗珍馐，列声乐，以丰侈为款厚"。堕民的吹打歌唱，既是他们奢侈生活的玩物，又是表现富厚之家气势的点缀。

丐户的职业及其特点，决定了他们的基本经济状况，多数人生活困窘，也有一小部分比较富裕，拥有田产和金钱，"起家富厚"，开设戏院赌场，所以在其内部经济上有所分化，有穷人和富人之别。由此更可知堕民丐户不是经济概念，而是社会身份概念。

在官方的法令和民间的习惯上，堕民同倡优隶卒一样，属于身份地位低于良民的贱民，其卑贱的身份主要表现在：

不能读书应举。据明人沈德符《万历野获编》卷二十四《丐户》记载，堕民男子"不许读书"，即政府不准许堕民进学为士人。就是在雍正废除乐户、丐户等贱籍之后，他们的子弟也不能立即读书应试，官府规定，必须从报官改业的人起，"下逮四世，本族亲支皆清白者，方准报捐应试，……或仅一二世，及亲伯叔姑姊尚习猥业者，一概不许滥厕士类"。贱民削籍之后参加科举的条件尚如此苛刻，更可见削籍之前不准进学的严格执行。

不准做官。科举是唐朝以来人们出仕的通常途径，不许贱民参加科举，也就意味着不许他们做官。明朝政府禁止堕民充当吏员、粮长、里长，即使家私万贯，亦"禁不得纳资为官吏"。绍兴有个行医的甄姓堕民，离开老家，捐纳为通州的胥吏，他还想凭其资财改换门庭，捐纳京卫指挥使司经历（从七品的小官），被他的同乡掾吏们知道了，告发他是堕民，"安得登仕版"，害得他不敢就选，只得依旧当医生。他因远离家乡，才能冒充民籍纳资为吏，若在本地就很难冒籍了。总之，政府、社会严禁堕民脱离贱籍，不许他们挤入上流社会。

不能与良人通婚。良贱联姻，历来为法律所禁止，对堕民也不例外，康熙年间修纂的《山阴县志》说到当地风俗，堕民"例不得与平民为婚姻"；《琴川三风十愆记》说到苏州丐户"各以种类自相婚配"。也就是说堕民只得在自身的群体内部进行婚配，从而繁衍出新一代的堕民。

不能同良人平等相处。堕民对他服侍的主人居于奴仆地位，比如在称呼上，尊称有权势的老年男子为"老爷"，妇女为"太太"，年轻的男女为"少爷""相公奶奶"。即使雇主为一般的农民和手工业者，也不许直呼其名，必须称作"某官"。堕民见平民，也不能像一般人之间那样行拱手礼，更不敢同坐。在明清两代，雇主与被雇者之间的称谓和相处礼节，是作为判定人们之间法律关系的一个重要根据，被雇者若与雇主尔我相称、同坐共食，在明朝则可被当作介于良民与奴仆之间的"雇工人"，在清代则可被看作良人。堕民称雇主为"老爷""官人"，虽彼此之间并无主仆名分，然实处贱民地位，屈居良人之下。

堕民在身份上处于贱民阶层，还表现在生活习俗方面。在服饰上，堕民男子戴狗头形帽子；妇女穿青衣蓝裙，裙子一定要做横布的，不许卷袖，不得穿红鞋，发髻稍高于良家妇女，簪子只能用骨角的，不许戴耳环。堕民这样的穿着打扮，到了公共场所，人们一眼就可以识别出他们，所以明人徐渭（文长）在《会稽县志·风俗论》中说："四民中即所常服，彼亦不得服，盖四民向号曰'是出于官，特用以别且辱之者也'。"他们那样的穿着是官府规定的，不得违犯。在居住方面，堕民聚类而居，"低屋小房"，被称为"贫巷"。在交通方面，政府禁止堕民乘车马。

总之，堕民遭受非人的待遇，没有任何政治权利，没有人格和尊严，有的只是被侮辱与被损害，他们属于最受迫害的社会底层，比良民中的普通农民、手工业者、佃农、佣工，包括乞丐在内的无业游民还要低，属于贱民阶层。

（乙）雍正削除丐籍

说明了丐户的基本情况，有利于我们了解雍正废除丐籍是怎么回事。

丐户废籍的过程同山陕乐籍的废除密切相连，而且乐户除籍在先，所以从乐户除籍说起，就容易明白了。雍正元年四月，浙江道监察御史、年羹尧长子年熙上疏请求废除山西、陕西乐籍。那时年羹尧正红得发紫，与雍正关系密切。雍正又将年熙指派给隆科多做儿子，其实隆科多本身有后嗣，雍正这样做，是为拉近年羹尧和隆科多的关系，对此不必多叙。这里只是在表明年熙的高贵身份，而不仅是一般的御史，他的建议如果不是出自雍正的授意，也是同乃父年羹尧商议过的，或者看准了雍正的心思。果然，雍正认为他的奏议很好，交部议行并下令查核类似的贱民，

"概令改业"。七月，两浙巡盐御史噶尔泰响应，上疏请求除豁浙江堕民丐籍，他说堕民在宋朝"有应得之罪，处之固宜，今已堕落数百年，生息蕃衍，岂可尽无廉耻，实因无路自新，伏乞皇上特沛恩纶，请照山陕乐籍，一并削除"。意思是，堕民在宋代犯的罪，处分是应当的，不过已经几百年了，不如允许他们改业从良，走自新之路。他的建议经过户部讨论，雍正予以批准。雍正八年，江苏巡抚尹继善奏请废除苏州的丐户名籍，他说该地丐户"迩来化行俗美，深知愧耻，欲涤前污，请照乐籍、堕民之例，除其丐籍，列为编氓"，得到了雍正的批准。这些事实表明雍正是废除贱籍政策的制定者，中央和地方大员赞同者甚多，这些命令的颁发并不费周折。

雍正废除丐籍，包括三项内容：一是原来的丐户经过申请，地方官批准，脱离丐籍，转入民籍，即由贱民变为良民。二是丐户改籍，必须抛弃原来职业，别习新业，同时政府禁止地方缙绅逼迫丐户再操旧业，这就是雍正三年的规定：堕民丐户和乐户"改业为良，若土豪地棍仍前逼勒凌辱及自甘污贱者，依律治罪"。三是丐户既转属平民，就要同平民一样向政府尽义务当差。一句话，所谓削籍，就是准许丐户改业，由贱民转变为良民，并对国家纳税服役。

（丙）雍正削除丐户的原因

雍正为什么热衷于对贱民开恩？《清朝通志》说他对贱民"甚悯之，俱令削除其籍"。他仅仅是可怜贱民吗？

他之所以废除贱籍有主观的和客观的多种原因，大致如下：

第一，新君以厘革前朝弊政获取政治资本。

雍正上台既然经过艰巨斗争，登基后仍面临政敌的严重挑战，因此急需获取更多的政治资本，以巩固帝位。废除贱籍，正是这种需要的产物。雍正政府认为明成祖"压良为贱"产生的山陕乐籍，是"前朝弊政"，故"亟宜革除"。至于堕民，对本朝并没有罪，可以"特沛恩纶"。他们废除贱籍的理由，说得很正当。你看明成祖对追随建文帝的忠臣义士横加报复，统统打贴上贱民标签，在"罪不及妻孥"的伦理上也是讲不通的。这样相沿几百年的弊政，把它革掉了，贱民解放了，这不是皇恩浩荡吗，不就是仁政吗，不就会感发人的忠良，拥护当今的圣主吗？噶尔泰说废除堕民丐籍，"使尧天舜日之中，无一物不被其泽，岂独浙省堕民生者衔环，死者结草，即千万世之后，共戴皇恩于无既矣"。雍正所希望的效果正在于此。

第二，肃风化、正人伦，以维持社会秩序和伦理。

在统治阶级中，对待贱民的态度，历来有两种：一是坚持贱民制度；一是主张部分地赦免贱民，其目的是维护社会伦理和秩序，如明朝初年解缙说："夫罪人不孥，罚弗及嗣……律以人伦为重，而有给配妇女之条，听之于不义，则又何取夫节义哉？此风化之所由也。"雍正君臣属于后一种人，他们的思想和其同类的先辈相一致，朝臣说"我国家化民成俗，以礼义廉耻为先"，像贱民制度"有伤风化"，理当废除。雍正自己则说："朕以移风易俗为心，凡习俗相沿，不能振拔者，咸与以自新之路。"令贱民改业为良民，就是允许他们自新，也就是"厉廉耻而广风化也"。可见他们的动机是为了维护传统社会道德，进而保证专制皇权的稳定。

第三，压抑绅权的一个措施。

雍正也有压制地方士绅权力的方针，在上文田文镜抚豫部分业已有提及，如明令革除儒户、宦户名目，禁止他们借此包揽词讼。贱民主要为缙绅服务，也为他们所控制，雍正赦免贱民，在客观层面对地方士绅也是限制与打击。

（丁）丐户从良之难及雍正削除丐籍的意义

乾隆中，萧奭《永宪录》谈到雍正削除丐籍令时说：堕民"多改业，无复往来市巷矣"。他的话有很大夸张成分，只反映了一部分事实。削籍令下之后，一些堕民改业为良，摆脱了屈辱的地位。但是堕民问题的解决，这只是它的很长过程的开始。雍正之后，仍有相当数量的堕民没有改籍从良，如苏州府长洲、元和、吴县、常熟、昭文还有丐户，依旧承担他们的迎春扮演差役。宁波的丐户保留较多，到清朝末年又发生第二次削籍事件。光绪三十年（1904年），宁波人卢洪昶等深感压迫堕民的不合理，但碍于雍正年间宣布过削籍，不敢再提，于是想出开办堕民学校的法子，顺带提出除籍问题，获得光绪批准，并允许堕民学校毕业生与良民学校毕业生"一体给予出身"，于是两万多户堕民得以除籍。这时中国社会正处于动荡之中，戊戌维新虽已失败，但孙中山倡导的革命运动节节开展，所以这次除籍与雍正时代有明显的不同：一是改籍条件降低了，堕民可以立即就学；二是卢洪昶等对堕民的同情有人道主义思想成分，他说："同是人也，而强名'丐'名'堕'以辱之，不平何如焉，吾誓拯之出，以全人道。"尽管如此，之后堕民仍然受着旧职业和旧观念的束缚。到20世纪30年代，鲁迅说："绍兴的堕民，直到民国革命之初，还是不与良民通婚，去给大户服役。"又说："记得民国革命之后，我的母亲曾对一个堕民的女人说，'以后我们都一样了，你们可以不要来了'。不料她却勃然变色，愤愤的回答道：'你说的是什么话？……我们是千年万代，要走下去的！'"可见辛亥革命对堕民的解放有促进作用，但也没有使他们彻底脱离贱民地位。中华人民共和国成立，实行一系列的社会改革，堕民才随着整个社会的变化真正获得新生。堕民的解放，经历了二百多年的历史过程，可见问题之复杂。

那么堕民的从良，何以那样曲折呢？它有着深刻的社会原因。

第一，堕民自身很难改行，而社会上也需要他们从事的职业。一些贫穷的堕民，为了生计不能舍弃旧业，继续从事那些被人鄙视的活计，正如鲁迅在《我谈堕民》中所说："为了一点点犒赏，不但安于做奴才，而且还要做更广泛的奴才。"其实堕民改行之难，雍正朝户部在议论噶尔泰的建议时已经注意到了，他们说"捕龟、卖饼、穿珠、作媒俱系贫民糊口常业"，"若行削除，终致失业"。可见堕民在没有新的谋生之道以前，在社会还没有给他们提供新的就业机会之前很难改行自新。而雍正时代并没有给他们提供条件，相反，社会又不能没有演员、轿夫、穿珠娘等职业，这种现实情况就决定了堕民不能立即改业从良。

第二，传统社会森严的等级制度不允许堕民彻底解放。传统社会的等级关系是极为凝固的，很难打破，因等级制度而形成的门第观念特别强烈，严格限制人们越轨行动。如《常熟文献志》所云，"单门贱子，即暴起至大富，士论必下其品，凡婚姻、交际、称谓必不易与"。又如绍兴民俗，"家矜谱系，推门第，品次甲乙"。宁波"婚姻严良贱"。在封闭的等级制和等级思想禁锢下，堕民哪里能独立地打碎这手铐脚镣？比如卢洪昶提出兴办堕民学校时，"世尚鄙视堕民"，没人肯当校长，陈训正就任后，人们仍"狃于旧俗，齐民羞于为伍"，而堕民又"以生计攸关，乃服务如故"，办学受了很大影响。时至清末尚且如此，等级制比斯时更甚的雍正之世，其阻力之大可想而知了。

如此说来，雍正废除丐籍还有什么意义呢？它为堕民脱离丐籍解除了法律禁令，是堕民解放的开始。削籍令是政府宣布取消对堕民的特殊控制政策，遂使堕民有了脱离丐籍的可能。就是说堕民只要依照政府的条件申请改业从良，就可以按照平民的方式进行生活，一定时间之后可以中举做官，如果同平民发生纠纷可以以平民的身份进入官府衙门，不会像过去那样因是贱民而遭受不应有的歧视和打击。所有这些，起码在法律上保证了堕民的权利。堕民的除籍，使他们数百年的积郁有所纾解，对生活的追求有所增强，奴才性有所消失，从而使他们受着极大压制的创造力得到一定程度的解放，所以废除堕民贱籍是对生产力的某种解放。堕民人数在全国人口中比例极小，并非社会生产力的主要部分，不过从深层性质上看，其历史意义不可忽视。再者，雍正实行摊丁入亩制度后政府对百姓的控制有所放松，百姓对政府的隶属关系有削弱的趋势，丐户的除籍生动地反映了这一历史走向，反映了生产力发展的要求。

　　从丐户的削籍，我们还看到雍正为人的一个方面。沈德符在《万历野获编》中不解地说："何以自宋迄今六百余年"堕民"不蒙宥贷"？在他提出问题后的一百年，堕民才得到废籍之令，也可以说是有幸碰到雍正皇帝。其他被赦免的贱民也是如此，特别是乐户。明清两代皇帝不断发出"开恩"的诏令，如明英宗释放教坊司乐工三千八百余人为民；明景帝时议准，凡原来民户而为乐户者许改正，即仍为民户；康熙年间裁革扬州乐户。这些被释放的乐户只是乐籍中的一部分，而雍正则不然，他把教坊司改为和声署，选择精通音乐的平民为乐工，根本取消了教坊司乐户籍。所以俞正燮研究乐户、丐户史时指出："本朝尽除其籍，而天地为之廓清矣。"从废除贱籍来看，雍正很有政治气魄，敢于革除旧弊，敢于打击某些缙绅势力，使政治风气有所改善，应当给以肯定。

雍正帝御笔"勤政亲贤"匾

打击朋党与加强皇权

雍正在康熙朝私下拉帮结伙，利用党羽作为谋夺储位的工具。即位后雍正对其危害就有切肤之痛了，他深感朋党对于君权的威胁，因此大力加以打击。他发布《御制朋党论》，以康熙时宗室、大臣结党营私的严重情况为例，说那时人们分为两三党，各有私人，无知之徒，不入于此，即入于彼。他总结朋党的害处是：朋党各行其是，破坏朝政统一，损害君主权威；朋党之间互相攻击、任用私人，不仅违反正常的用人原则，还损坏君主任用官吏的权柄；朋党各抒政见、自我标榜、批评朝政，扰乱君主视听，妨碍坚持既定的方针政策。他所说的朋党危害，主要是谋取私利，不以忠君为本，对皇权产生了威胁，所以朋党之恶，罪不容诛。

雍正清除朋党，首先是康熙朝遗留下来的几大皇子势力集团，铲除"八爷党"自不必说了，即位之初，把蒙养斋馆的陈梦雷父子定罪戍边，借此削弱允祉集团。其次是打击功臣年羹尧集团、隆科多集团。复次是惩治科甲官员，雍正四年发生直隶总督李绂与河南巡抚田文镜互相参奏事件。李绂是进士出身，田文镜只是一介监生，李绂说田文镜在河南虐待进士出身的州县官，重用市井之徒，包庇没有大功名的州官。进士出身的翰林院检讨陈学海、御史谢济世与李绂持同样态度。田文镜反诬李绂等人大搞科甲人朋党。雍正对读书人讲究师生、同年大为反感，认为是唐宋遗留下来的积习，应当清除。于是支持田文镜，说李绂等人"结为大党，扰乱国政，颠倒是非"，把李绂投入监狱，谢济世充军阿尔泰山。并扩大牵连范围，打击与田文镜、李绂案无关但属于科甲出身的资深官僚，无端指责吏部尚书、云贵总督兼理云南巡抚事务的杨名时，将其撤职，罚修洱海河道。如此大肆清洗，既是皇帝对朋党问题过度敏感，也是在蓄意打压读书人。经过雍正的严厉打击，新旧朋党一个个被消灭，科甲出身的官员连抱团都没办法，更无从结成朋党了。

雍正打击朋党，起到了澄清吏治的作用，务令官员遵纪守法、各尽职守，也符合正直官员的愿望。康熙朝的激烈党争，导致正直官员不好做人，按规矩办事，不是得罪皇帝、立马被惩治，就是获罪于皇太子或其他皇了，将来受罪。康熙三十三年（1694年）礼部制定奉先殿祭祖仪礼，把皇太子拜褥放在槛内，康熙叫放在槛外，礼部尚书沙穆哈请求把这个谕旨记录在档案内，他的意思是怕将来皇太子当政，怪罪于他，以为日后辩解做准备。康熙看出他的心思，认为他不能承担责任，将他革职。沙穆哈夹在皇帝与皇太子纷争之中，只有倒霉的份儿。允礽复立之后，官员在皇帝、皇太子两方面更不知如何应承是好，产生"两处总是一死"的不安情绪。试想这种情况下，官员如何能正常供职？至于不安本分的官员，大走结党营私的路子，更加扰乱朝政了。

雍正打击朋党集团，虽有残酷之处，肃清吏治的主导作用则是应当肯定的，如果再容忍允禩、允禟、年羹尧、隆科多等人结党乱政，岂不使康熙末年的混乱状态延续下去！清代后期陈康祺在《郎潜纪闻三笔》中指责允禩等小团伙播散流言、图危宗社，称赞雍正处置他们是大义灭亲、别有见地。亦见人们普遍认识到朋党的危害，雍正一系列举措的是非不说自明。他惩治朋党的最终目的是维护与加强皇权，以便皇帝能够随心指挥全体官僚队伍，所有官吏皆以皇帝的意志为意志，使政令归于统一，不再政出多门。康熙同样反感朋党，宣布搞小团体的都是国贼，但惩罚没有雍正严厉，经历过党争的过来人整顿决心之大、手段之烈，亦是自然的事情。

雍正对朋党的打击，我想在这样提纲式的说明之外，再作个案研究，看一看与隆科多案、蔡珽案、科甲朋党案联为一体的查嗣庭案，案件主角查嗣庭是如何被卷入而遭殃的。

查嗣庭案与隆科多案

查嗣庭案，很长时间人们以为是所谓"维民所止"试题发生的文字狱，后来有研究者把它同隆科多案联系起来，它究竟是文字狱，还是雍正清洗朋党的政治案件，抑或是多种因素的产物？我想它既同隆科多案、蔡珽案有关，又因雍正制造的"科甲朋党案"而遭殃，具有政治斗争和文字狱的双重性质。

（甲）背景和案情

雍正四至五年（1726—1727年）发生的查嗣庭案，其原因和事件的性质，过往的说法，大致有三种：其一，谓江西乡试主考官查嗣庭出试题"维民所止"，被人告发，"维止"二字是去"雍正"之首，因而惹祸上身，遂成文字之狱。其二，把"维民所止"试题说，看作是野史的无稽之谈，认为查嗣庭与隆科多有瓜葛，雍正为整倒隆科多，先拿查嗣庭开刀，借以为隆科多案"开路"。其三，与第二种说法有相近之处，视查嗣庭及汪景祺等为"年（羹尧）、隆（科多）党人"，雍正故意挑文字毛病，是"打击朋党的一种手段"。也就是说大搞查嗣庭案是反对朋党斗争（即政治斗争）的一部分，而不是一般的文字之祸。

查嗣庭案件究竟是怎么回事？查嗣庭是不是出了"维民所止"的试题？同隆科多等案件有什么关系？解决这些问题，需要了解它产生的社会背景，要把握雍正的态度，作综合的分析。

谈到查嗣庭案的社会背景，同它有关系的，不仅是隆科多案，还有年羹尧案中的汪景祺案、李绂弹劾田文镜事件（科甲朋党案）与蔡珽案。

雍正在二年（1724年）冬天，决定整治抚远大将军、川陕总督年羹尧和太子太保、吏部尚书隆科多，三年（1725年）五月向廷臣宣布年羹尧、隆科多的奸恶，指斥隆科多网罗允禩党人，七月削其太保衔，发往阿拉善地区修城、垦荒。但此时雍正的打击目标主要是年羹尧，同时在他的西安任所抄出汪景祺的《读书堂西征随笔》一书。汪景祺是浙江钱塘人，举人出身，雍正二年春到陕西，投靠年羹尧，作《西征随笔》，书中有"皇帝挥毫不值钱"诗句。讥讪康熙书法，非议康熙的谥号。向年羹尧献《功臣不可为》文章，针对功臣不能善终因为不会自处的观点，加以反驳，并责备人主，为功臣鸣不平。雍正收拾年羹尧，就怕有人说他残害功臣，见到汪景祺的文章，当然很是恼火。更严重的是汪景祺作《历代年号论》一文，"说'正'字有一止之象"，他认为前代帝王年号，凡带正字的，如金海陵王的"正隆"，金哀宗的"正大"，元顺帝的"至正"，明英宗的"正统"，明武宗的"正德"，不是亡国之君，就是暴虐无道，所以用这个字作年号，"皆非吉兆"。雍正认为这是对他的嘲讽攻击，是说他也逃不脱"一止之象"的噩运，因而是"大逆不道之语"，遂把汪景祺投入监狱，十二月十一日给年羹尧定九十二条罪状，其大逆罪之一是见到汪景祺著作却不检举。过了七天，即十八日，雍正宣布：汪景祺"作诗讥讪圣祖仁皇帝，大逆不道"，处斩并枭首示众，妻子发遣黑龙江给披甲人为奴。

雍正治罪年羹尧，得力打手是蔡珽，那时蔡珽任职经筵讲官、吏部尚书、左都御史、正白旗汉军都统、署理直隶总督、议政大臣等要职。他的好友广西巡抚李绂也极力主张处死年羹尧。四年（1726年）三月，雍正将李绂调任直隶总督，接替蔡珽。李绂在赴任途中经过河南，见到巡抚田文镜，当面指责他"不容读书之人在豫省做官"，到京陛见，即参奏田文镜营私误国，田文镜回奏，说李绂等科甲出身的官员"徇私袒护"，严重违反雍正三令五申不准结党营私的旨意，暗示科举出身的官员在搞朋党。这一下提醒了雍正，开始大抓科甲朋党。在田文镜参革的人中，有原为蔡珽的下属，李绂替他说话，倒使雍正怀疑李绂、蔡珽结成官场同盟，遂决心惩治。十月，借口蔡珽在署理直隶总督任上的一个小过失，把他降为奉天府尹，逐出中央。这时年羹尧案早已结束，用不着他了。

　　查嗣庭，浙江海宁人，进士出身，任内阁学士兼礼部侍郎，雍正四年受命为江西乡试正主考，九月十三日试毕离开南昌，下旬返抵京城，就有人告发他试题乖张，雍正当即派人搜查，二十六日宣布将查嗣庭革职拿问，交三法司严审定拟。十月，决定抄他的老家，指示浙江将军鄂弥达、巡抚李卫，速差人驰至查嗣庭家，"将所有一应字迹，并其抄录书本，尽行搜出，封固送部。搜查之时，即墙壁窟穴中，亦必详检无遗"。又警告李卫、鄂弥达二人："倘致透漏风声，伊家得以预行藏匿，唯于尔等是问。"很快，李卫等将查嗣庭的"所有一切字迹，抄录书本，以及往来书札笔迹，不论片纸零星，凡有可查者"，尽行送到刑部。当月，雍正以浙江出了查嗣庭、汪景祺这样的士林败类为由，认为该省"风俗浇漓，甚于他省"，特设观风整俗使，进行整饬。十一月又下令，停止浙江士人的乡会试资格，断绝做官的出路。五年（1727年）二月，雍正处理查嗣庭在江西主考官任上有联系的官员，以江西巡抚汪浧违法把房屋卖给查嗣庭，降四级以京员调用，副考官俞鸿图虽与查嗣庭试题无涉亦革职，在翰林院编修任内行走。五月，查嗣庭案审结：查嗣庭本应照大逆律凌迟处死，因已在监病故，遂戮尸枭示；子查沄斩监候；子查长椿、查大梁、查克缵，侄查开、查学均在十五岁以下，与兄编修查嗣瑮、胞侄查基，均流放三千里；兄内廷供奉查慎行父子释免回籍；查嗣庭家产变卖后充作浙江海塘工程用费；查嗣庭的另一儿子查克上，亦病死在狱中。查案至此结束。

（乙）雍正所宣布的治罪查嗣庭原因

雍正是决定查嗣庭命运的主宰，他所宣称的惩治原因，应当是关注重点。考察雍正的历次上谕，可以归结为三个方面：

第一，指责查嗣庭投靠隆科多和蔡珽。

四年九月二十六日，雍正谕内阁九卿翰詹科道，开宗明义即说："查嗣庭向来趋附隆科多，隆科多在朕前曾经荐举，是以朕命其在内廷行走，授为内阁学士。"接着说，及至"礼部侍郎员缺需人，蔡珽又复将伊荐举，朕遂用之"。刑部在结案报告中，叙述查嗣庭的罪过，中有："至于谄附隆科多，蔡珽，邀求荐引……钻营贪黩，无所不为。"等到给隆科多定罪，有奸党一款，即"保奏大逆之查嗣庭"。蔡珽定罪十八条，其一亦是"交结大逆不道之查嗣庭"。可见查嗣庭与隆科多、蔡珽的交往，已被视为一条大罪。

第二，认为查嗣庭的试题荒谬。

查嗣庭所出试题，四书首题"君子不以言举人，不以人废言"，三题"介然用之而成路，为间不用则茅塞之矣"。《易经》次题为"正大而天地之情可见矣"，第三题是"其旨远，其辞文"。《诗经》四题用"百室盈止，妇子宁止"。雍正曾令内外官员举荐人才，他说查嗣庭以"君子不以言举人"命题，"显与国家取士之道大相悖谬"。更主要的是雍正把《易经》次题与《诗经》四题结合起来，又把它同汪景祺的《历代年号论》联系分析。他说汪景祺攻击雍正年号的"一止"之象，查嗣庭所出的《易经》次题前用"正"字（"正大而天地之情可见矣"），《诗经》四题后有"止"字（"妇子宁止"），不就是把雍正的正字拆成"一止"吗？雍正说他这样的分析有根据，查嗣庭的《易经》三题，"其旨远，其辞文"，是明讲此事，而令人联想到彼事，当然可以把二题和四题以及与汪景祺的《历代年号论》合在一起考虑。雍正的结论是：查嗣庭的试题，"寓意欲将前后联络，显然与汪景祺悖逆之语相同"。在君主专制制度下的臣民，亵渎当今皇帝的年号，自然被视为大逆不道的事。雍正还说查嗣庭在日记中大讲当时的灾异，显得特别幸灾乐祸，这就坐实了查嗣庭对皇帝对朝廷不满。

第三，罪责查嗣庭攻击康熙。

雍正说查嗣庭"于圣祖仁皇帝之用人行政，大肆讪谤"，个中缘由是：康熙裁汰冗员，查嗣庭以为官员遭了噩运；对钦赐进士，视为冒滥；说戴名世《南山集》案是文字狱；康熙五十年江南科场案，这年江南乡试正主考左必蕃、副主考赵晋，赵晋受贿，滥取举人，士子不服，拟对联"左丘明双眼无珠（讥左必蕃），赵子龙浑身是胆（讥赵晋）"讽之，经审理，赵晋拟斩（其人自杀），另一受贿的房考官、知县方名坐斩，而查嗣庭认为单凭联句杀人，有冤情；学习满文的庶吉士，也要考汉文，查嗣庭认为这是苛求；庶吉士三年散馆，要考核，查嗣庭说这是可怕的事；多选庶吉士做官，查嗣庭以为蔓草丛生，使冗员过多，是官员的不幸；对殿试不完卷的人予以革退，查嗣庭以为是杀一儆百；等等。雍正说他之所以降罪查嗣庭，不仅是因为查嗣庭的试题，"朕今若但就科场题目加以处分，则天下之人必有以查嗣庭为出于无心，偶因文字获罪，为伊称屈者"，而是因为查嗣庭还犯下了攻击父皇的大逆，这就不能不治罪了。雍正甚至还说："观查嗣庭日记，于雍正年间之事，无甚诋毁，且有感恩戴德之语，而极意谤讪者，皆圣祖仁皇帝已行之事也。本极尽善，无可拟议，而妄肆悖逆猖狂之言，谁无君父，能不痛心！能不切齿！"似乎他向查嗣庭问罪，只是为了维护父皇康熙的名声。

在这三项罪行之中，雍正表面上强调后者，有如汪景祺狱一般，在给汪景祺定罪时只涉及他作诗讥刺康熙书法之事，而不提他的《历代年号论》。雍正以维护父皇声誉的名义，表示他的处置完全正当，这不过是当政者的权术，并不能当成历史真相。

（丙）真正原因及查案性质

上述事实说明，"维民所止"试题说不能成立，因为查嗣庭根本就没出过这种试题，哪能有由此而产生的文字狱呢？但是这种说法事出有因，雍正上谕说到查嗣庭借试题攻击他的年号，后世又有雍正被吕留良之女孙吕四娘刺杀、头被割去的传说，如果把这两事合在一起，加以演绎、讹传，就很容易产生雍正因为"维民所止"丢了脑袋的说法。这种有来历的谣言并非事实，最终不能不予摒弃。

至于查嗣庭案为隆科多案开路说，是看到了这两个案子的某种联系，然而是不是"开路"与被牵连的关系呢？上文提到，查嗣庭犯案以前，隆科多业已失势，受到谴责贬往边地。雍正四年正月二十一日，隆科多受命率领喀尔喀郡王策凌、散秩大臣伯爵四格等与准噶尔代表协商，划定准噶尔与喀尔喀游牧地界，事

毕又在准备与即将到来的俄罗斯使臣萨瓦·务拉的思拉维赤谈
判中俄喀尔喀地区边界问题。雍正表示，若隆科多"实心任事，
思盖前愆，朕必宽宥其罪"。同月二十六日，刑部又在议奏隆科
多"挟势婪赃"事，可见隆科多处于边工作边挨整的境地。八
月，萨瓦·务拉的思拉维赤到达边境，隆科多率领清朝代表团展
开谈判，萨瓦很快赴北京祝贺雍正登基，隆科多在边境等候他回
来继续谈判。九月查嗣庭事发后，雍正只是指责他是隆科多推
荐的，并没有就此整治隆科多。五年（1727年）闰三月，隆科
多被告发私藏玉牒底本；五月，他仍作为中方首席代表与俄使
会谈，这时查嗣庭案审结；六月，雍正以玉牒一事将隆科多革
职，从边境拿回审理；十月，将之圈禁。雍正治罪隆科多，从
三年（1725年）到五年（1727年）前后两年多时间，案发在查
嗣庭案以前，而查案发生十个月之后，隆科多才由于别的原因
被逮捕，可见查嗣庭案并没有加快处理隆科多的进程；隆科多
的被捕与查嗣庭的结案时间相近，但关键原因出于玉牒事，与
查嗣庭无关，可见查嗣庭案亦未增加隆科多的罪行。这样就不
好说查嗣庭案是为整治隆科多的需要而起，是为隆科多案开路
的了。

　　查嗣庭案与蔡珽案的关系没有引起史家的注意。整治查嗣庭
之初，雍正提到查嗣庭、蔡珽之间的关系；蔡珽案发生后，又
涉及他们之间的往来；中间，雍正打击以蔡珽、李绂为首的科
甲朋党，曾以查嗣庭为例，说明审理查嗣庭的必要性，如五年
（1727年）正月，"以师生同年之道晓谕廷臣"，即以查嗣庭与

同年李元伟私通关节为反面教材。但是查嗣庭案同样没有加速蔡
珽案的处理进度和性质，也不是为这个案子开路的。

　　查嗣庭与隆科多、蔡珽牵连到一块儿，只能说是雍正为了增
强打击隆科多、蔡珽的手段，各给他们增加一条罪状，使得收拾
他们的理由更为充分。但查嗣庭案对这两个案子的发生、调查和
结案则没有多大影响，不宜作过分的渲染。再者，除了查嗣庭因
受隆科多、蔡珽荐举而被认为是他们的人之外，雍正并没有说出
查嗣庭与隆科多、与蔡珽勾结的任何事实。显然，他们间只是普
通的私人交往，并非政治集团的紧密联系。等到隆科多、蔡珽都
犯案，且又牵连查嗣庭，查嗣庭案这才被加速处理。可见，不是
查嗣庭案为隆科多案、蔡珽案开路，相反，由于隆科多案和蔡珽
案的波及而加重了对查嗣庭的处分。

　　我认为雍正处置查嗣庭的真实原因主要是：

　　对查嗣庭谈论灾异的言论感到厌恶。刑部诉说查嗣庭的罪
状："恭逢皇上继统，查嗣庭又复狂悖不敬，怨讪诅咒。如雍正
元年元旦，景运方新，云灿日华，而查嗣庭捏记大风。每于皇
上亲诣坛庙及吉礼之期，必和风霁日，而查嗣庭必捏大风大雾
大露大雨大电。"在"天人感应"说控制人们思想的时代，凡
是新皇帝登基、重大节日和吉庆日遭遇天气变异，标志着这个
新政权不能顺天应民，就有人借机拿雍正的皇位合法性大做文
章。如策动川陕总督岳钟琪反清的曾静就说："于今正值斯文厄
运，是以孔庙焚毁。"又说雍正以来，"四时寒暑易序，五谷耕
作少成"。雍正对"天人感应"极其迷信，三年（1725年）四月

他说："天人感应之理，至微而实至显。凡人果实尽诚敬，自能上格天心。人君受天眷命，日鉴在兹，其感通为尤捷。"所以他表示一定循天理行政事。雍正还大讲祥瑞，原本颇受宠信的侍郎李绂曾作《卿云颂》，说雍正在康熙六十一年十一月二十日即位以前的几日，天阴雪霰，及至登基接见百官时，"天忽晴明，赤日中天，臣民欢呼，占为圣主之瑞"。雍正元年四月，马兰峪总兵报告，顺治的孝陵生了蓍草，雍正命廷臣查看，"无不惊喜称颂以为奇瑞"。八月，大学士奏江南、山东产瑞麦、瑞谷，"皆皇上盛德之所感召"，雍正命宣付史馆。同月，官员又奏藉田瑞谷，即雍正亲耕的丰泽园出现瑞稻，并说："此皆皇上敬诚所感，仁孝所孚，上瑞嘉祥，莫过于是。"三年（1725年）二月，又有所谓五星连珠、日月合璧之祥瑞，雍正说这是"海宇升平，民安物阜"的表现。讲祥瑞必然恶灾变，朝鲜来清朝的使臣回国后就说雍正"恶闻灾异，钦天监虽有灾不敢奏"。在雍正前期，发生灾异或祥瑞，都具有很大的政治意义，上报祥瑞配合了雍正需要，是在政治上支持他的直接表现；讲灾异为雍正所厌恶，不管是有意或无意，在他看来都是在表示反对或蔑视。查嗣庭在日记中提到自然灾异，不论是当时实况也罢，捏造也罢，雍正都认为是对他的含沙射影、阴阳怪气，故而痛恨这个他曾经信任的臣子。

反感查嗣庭为翰林和士人说话。查嗣庭对位列清华的翰林处境满怀同情，说他们"衙门清苦"；又说人员众多，"不得开坊"；对用他们为科道部属官职，认为是翰林的莫大耻辱；翰林告假在乡招摇被勒令致仕退休，他认为是在凌虐缙绅。还有前文提及的替江南科场案受贿官员鸣冤等事，查嗣庭都是站在翰林和士绅的立场来说话，对康雍时期的朝廷政策有所不满。雍正初年，出现"天下方轻读书人，不齿举人进士"的状况。三年（1725年）六月，雍正又接受长芦巡盐御史莽鹄立的建议，禁止官员投拜门生，不容科甲官员结党，同时还在大力打击不法缙绅。雍正的观念思想和政策如此，当然对查嗣庭的对立态度大为不满了。

反感查嗣庭厌恶满人的思想感情。查嗣庭在日记中写过一段"痛诋满洲之文"的话，因害怕遭罪，把它勾掉了。他在日记中又写了康熙时热河发水，"淹死官员八百人，其余不计其数"。这里说的被淹者，实指满洲人。吕留良案中人严鸿逵，也在日记中对此事有所记述："热河水大发，淹死满洲人二万余。"严鸿逵具有强烈的汉民族意识，反对满人的统治。查嗣庭并没有他那样的民族感情，但仍流露出对满人的一些反感情绪。作为清朝统治者的雍正当然不允许他有这种思想。

雍正在打击允禩、年羹尧之后，在政治斗争中特别留意臣下的政治思想和政治态度。查嗣庭一开始属于当红官员，但有一些不同于最高统治者的政治见解，虽然是零星、不成纲领的，然而一有人告发他讥讽时政，雍正就非常敏感，极为重视。观其给李卫、鄂弥达的朱谕，把搜查重点放在能够体现个人思想的文字方面，可见雍正注意之所在。雍正硬把查嗣庭的几个试题串联在一起，牵强附会、深文周纳，也并非以"欲加之罪"惩治查嗣庭，而是雍正真就这么认为的。可以说，从查嗣庭出的试题及看待祥异、满汉关系、士绅政策等多个方面的态度，雍正认为查嗣庭在攻击他的政策，成为党人和敌对势力的代表，故而予以严惩。查嗣庭案虽然爆发于试题，但根子还是在于政治斗争与雍正打击朋党的大环境，本质上还是雍正维护自身皇权的需要。

查嗣庭案本质上也是文字狱，不过因同隆科多案、蔡珽案、"科甲朋党案"牵连在一起，具有一定的政治斗争性质。雍正利用查嗣庭案大做文章，既是把它作为打击朋党的工具，也是整饬官员、士人思想，控制舆论的手段。

曾静投书案——储位、皇位之争在观念形态领域的"终结"

雍正六年，湖南秀才曾静派遣弟子张熙到川陕总督岳钟琪官署游说，策动其反清，被岳钟琪举报，雍正兴起大狱，主要目标是受曾静牵连的已故理学家吕留良。此事被雍正定性为"逆贼吕留良一案"。后人评论吕留良、曾静案件，也多把曾静投书视为吕留良一案的重要部分，看作汉人反满宣传与满人皇帝实行思想控制的激烈斗争，是文字狱的典型。但这种看法不过只是表象，其实雍正是故意拿曾静、吕留良一案大做文章，明着是辩论华夷之别，实际是想说明他即位的正当和施政的成就，希望臣民能够和他统一认识。这是雍正在为自己的皇位法统辩解，可以视为储位之争在政治思想方面的终结。为了集中说明曾静案与雍正嗣位传说的关联，就只能把与此案相联系的吕留良^①案舍弃不叙。

（甲）曾静投书所反映的雍正在思想、舆论上的不利处境

曾静选择岳钟琪作为游说对象，当然是事出有因，不妨先从其人说起。岳钟琪是汉人，籍贯四川成都，在雍正二年平定青海罗卜藏丹津之乱中立有大功，授封三等公，抚远大将军年羹尧出事后，接任川陕总督。这个职务是旗人专缺，让他担任是破例任命，表明岳钟琪深得雍正宠信，然而也招来了不少人的嫉妒。还在曾静投书之前，向雍正密参他的"谤书"就有一篑之多。究其内容，不外说他是岳飞后人，要替汉人报仇，反对清朝。这是社会上层的看法，下层亦复如此。雍正五年六月，民人卢宗汉在成都街道上大叫"岳公爷川陕兵丁造反"！同时社会上传说岳钟琪已遭到遣罚，他的儿子岳濬业被捉拿问罪。后经四川提督黄廷桂等审问，卢宗汉是精神病患者，便处死了事。但岳钟琪与朝廷关系不和的谣言却在民间流传着。曾静是湖南南部永兴县人，听信传言岳钟琪尽忠爱民，可是皇上疑他防他，要召他进京削夺兵权，他开始不奉诏，后来虽然去了，离京后又上奏非议朝政。可见岳钟琪是朝野瞩目的大人物，朝中有人因他是手握重兵的汉人而忌妒他，民间则又以为他是忠义爱民、反对皇帝暴政的青天大老爷，对他寄予希望。这就使得他成为政治斗争和民族矛盾的一

---

① 吕留良，号晚村，早年中秀才，后弃去，操选政，名气很大，受人尊称为"东海夫子"，阎若璩将他与黄宗羲、顾炎武等人并称为"十二圣人"。他在著述中强调华夷之别，说"华夷之分，大于君臣之义"，教人站稳华夏的民族立场，不能效忠于夷狄政权。为避免行文枝蔓，本书不关注吕留良案，仅以此交代其为人与致祸之因。

个风向标，是他本人所不乐意，也没有充分意识到的事情。

曾静是秀才出身，放弃举业，教授生徒，有点儿声望，人称"蒲潭先生"。他依据社会的看法和自己的理解，相信岳钟琪能实现他的政治目标，乃派遣门人张熙带着他的书信和《生员应诏书》赴陕西西安策动岳钟琪造反。六年（1728年）九月，张熙向岳钟琪投递了书信。书信封面称岳钟琪为"天吏元帅"，它的内容，据岳钟琪转述，是"江南无主游民夏靓遣徒张倬上书。其中皆诋毁天朝，言极悖乱，且谓系宋武穆王岳飞后裔，今握重兵，居要地，当乘时反叛，为宋、明复仇等语"。夏靓、张倬是曾静、张熙师徒的化名，所谓"无主游民"，是不承认清朝政府。书信的意思是，岳钟琪是宋朝忠臣岳飞后人，清朝皇帝是金朝女真人的后裔，岳飞抗金，他的子孙不应该侍奉仇人的后代，希望他利用手中的兵力反对清朝，为祖宗报仇，为汉人雪耻。这个观点与别人密告岳钟琪的说法相同，与卢宗汉的呼喊类似。岳钟琪深知事态严重，当即找来陕西巡抚、满人西琳同审张熙，西琳有事未到，由按察使、满人硕色于暗室同听。岳钟琪问张熙的师父是谁，张熙拒不回答，拷打昏厥，坚不吐口，唯说他们势力散布湖广等六省。岳钟琪见动刑无效，改设骗局，以礼相待，表示早想反满，希望其师来辅佐，又赌咒发誓，痛哭流涕，以示诚意。张熙缺乏政治斗争经验，受骗说了实情。

曾静的政治观点，在他的著作《知新录》和口供中所表述的有三个方面。

一是雍正是失德的暴君。他给雍正定了十大罪状，即"谋父""逼母""弑兄""屠弟""贪财""好杀""酗酒""淫色""怀疑诛忠""好谀任佞"。他相信雍正毒死康熙的传说，认为新皇帝处处与老皇帝"为仇为敌"。他所讲的"逼母"是指皇太后不满爱子允禵遭受虐待而自杀。"弑兄"说的是康熙间就被囚的允礽死于雍正二年。"屠弟"系谓允禩、允禟之死。"诛忠"则是讲的年羹尧案、隆科多案。这十条罪名，包括了雍正继位及在头五六年的重大政治事件，曾静都完全否定，认为他是篡位暴君。

二是主张"华夷之分大于君臣之伦"，反对满人统治。清朝皇帝是满人，又是君主，按儒家伦常，臣民对人主应绝对忠顺，依照一部分汉人的"夷夏之大防"的观念，对少数民族的皇帝又要反抗，那么应当如何看待满人的统治呢？曾静说："先明君丧其德，臣失其守，中原陆沉，夷狄乘虚窃其神器，乾坤反复，地塌天荒，八十余年，天运衰歇，天震地怒，鬼哭神号。"他反对清朝的取代明朝，认为它带来了巨大的灾难。他之所以这样看待，并非完全从实际出发，而是他认为区分汉族与少数民族的统治比君臣大义还重要，他在《知新录》中就孔子对管仲的态度对此作了说明："管子忘君事仇，孔子何故恕之而反许以仁？盖以华夷之分大于君臣之伦，华之与夷，乃人与物之分界，为域中第一义，所以圣人许管仲之功。"因此对已经号令全国的满洲八旗统治者，他主张统统诛杀，他说："夷狄侵陵中国，在圣人所必诛而不宥者，只有杀而已矣，砍而已矣。"

三是希望拯救百姓于贫穷。岳钟琪审问张熙何故谋反，回答说："百姓贫穷，只为救民起见。"曾静著书说："土田尽为富户所收，富者日富，贫者日贫。"他看到了社会上财富分配不合理，特别是土地集中的情况，又从自身的经历中得到深刻的感受。他出身于"家事单寒"的穷苦家庭，在清朝有"湖广填四川"之说，即湖南、湖北缺乏耕地的穷人到四川谋生，曾静父亲就想移居蜀中，没能成行。曾静当家时家中境况更坏，他收张熙、廖易两个徒弟在家，住房也不够。他的岳家"贫不能自立"，在康熙末年搬到四川去了。张熙、廖易"家事亦贫寒"，张熙赴陕，靠典当家产做路费。曾静师徒及亲友是小土地所有者，生活清苦。所以曾静读到《孟子·滕文公篇》中讲井田制，"心中觉得快活"，认为现时应该实行。他希望解决农民耕地问题，使他们从困苦中解脱出来。

　　看来曾静是清寒的汉族读书人，具有敌视满族政权和不满意贫富不均的思想，碰上颇多舆论异议的雍正时代，激化了原有的反抗意识。

　　雍正在康熙朝诸皇子的夺位大战中获得了胜利，接着开始着手清除朋党、清查钱粮、整饬吏治、严惩不法缙绅、打压科甲出身官员。雍正希望达到的目的都如愿以偿，可以说他是政治上的胜利者、组织上的胜利者。但是那些被打击的政敌和士绅并不因失败而甘心退出政治舞台，一部分人采取各种方式进行不同程度的反抗。对雍正的继位及其政策，人们看法不一，怀疑的、不满的、反对的，都大有人在。有人说他"凌逼弟辈"，有人希望允禵登极。有人直接批评雍正苛严的政治方针，说他"烦苛琐细""尚严厉""好抄人之家产"，连朝鲜国王英宗也说他是有"爱银癖"的皇帝。不用说，在政治思想和舆论领域方面，雍正不但没有像在政治、组织上那样获得成功，反倒处于不利的境地。曾静的投书，就是利用他的这个弱点，反对满人统治，企图恢复汉人的江山。

（乙）辩论雍正嗣统

岳钟琪得到曾静书信后，即行奏报。雍正极力安抚他，夸奖他的忠诚，表示对他绝对信任，把他稳住。同时以更大的精力处理曾静案，派遣刑部侍郎杭奕禄等人到湖南审理，曾静供出他的思想受浙江吕留良的影响，张熙见过吕留良的弟子严鸿逵及再传门人沈在宽，因此便广为株连。后因涉案人多、地区广，为加速审理进度，将案中人提到北京审讯。

雍正对曾静案的处理方针，在一开始就定下来了。他在岳钟琪十月十七日奏折上批道："朕览逆书，惊讶堕泪。览之，梦中亦未料天下有人如此论朕也，亦未料其逆情如此之大也。此等逆物，如此自首，非天而何，朕实感天祖之恩，昊天罔极矣。此书一无可隐讳处，事情明白后，朕另有谕。"他说自己受到莫大的冤枉，但这却是好事，正好借机洗刷冤情。他虽说料不到有人那样议论他，其实，他实行密折制度、派遣赋有特殊身份的侍卫到各省探查，能很快获得各种消息，他知道关于他的继位，处理允禩党人，诛戮年羹尧、隆科多，在朝野引起颇多争议，只是自己不便挑明、公开论战，因而隐忍不发，或只低调辩解。如元年、二年两次说到有人讲他虐待众兄弟，他都没有追查到底。这次曾静跳出来了，固然把他骂得狗血喷头，但这些言论有人主动认领，正好顺藤摸瓜，清其源而塞其流。所以他在上述朱批谕旨中指示岳钟琪："卿可将冤抑处，伊从何处听闻，随便再与言之，看伊如何论议。"这就是说他追查的重点是关于他失德言论的来源。他的宠臣、云贵总督鄂尔泰在奏折中说：曾静"误谤圣躬""所以能如此，得如此者，臣以为其事有渐，其来有因""若非由内而外，由满而汉，谁能以影响全无之言据为可信，此阿其那（即允禩）、塞思黑等之本意，为逆贼曾静之本说也"。他分析像交接之际的事情，民间的传说，必来自官场，而本源必在皇室内部，具体说就是允禩、允禟一伙。雍正说他的奏折"恳挚详明，深诛奸逆之心"，君臣看法完全一致。

雍正下令从曾静身上挖出谣言的来源，曾静供称是辗转听茶陵州（今茶陵县）堪舆师陈帝西说的，陈帝西供认他是听过路的旗人所讲，雍正则断定是发配南方边疆的犯人所说，命沿途各省官员追查。各地巡抚相继报告。广西巡抚金铁奏报发往该省人犯所造流言，雍正赞扬他"逐一密查，确有证据"。据流放犯人、三藩之一的耿精忠之孙耿六格供招，他被发配在三姓（今黑龙江省依兰）地方时，在曾经侍奉过允禩的八宝家中，听太监何玉柱、于义向八宝妻子讲："圣祖皇帝原传十四阿哥允禵天下，皇上将十字改为于字。"又说："圣祖皇帝在畅春园病重，皇上就进一碗人参汤，不知如何，圣祖皇帝就崩了驾，皇上就登了位。随将允禵召回囚系，太后要见允禵，皇上大怒，太后于铁柱上撞死。"流犯达色供认，允禩太监马起云向他说："皇上令塞思黑（即允禟）去见活佛，太后说何苦如此用心，皇上不理，跑出来，太后怒甚，就撞死了。"这样，雍正就查出允禩集团是他失德流言的散播者。抓出政敌，再次宣布他们的罪过，同时，屡发上谕，就曾静所说他的罪状，逐条辩明他没有过失。他深知继位问题是关键，特详加解说：圣祖死的那天，他正在天坛斋所斋戒，准备冬至祭天。圣祖病重，一面从斋所召他，一面召见皇子允祉、尚书隆科多等人宣布："皇四子胤禛人品贵重，深肖朕躬，必能克承大统，著继朕登基，即皇帝位。"待到圣祖宾天，隆科多向他传达传位遗诏。说明他的即位是康熙所定，进而说明曾静谋反与允禩集团之间的关系。他说：允禩、允禟等人的"奴隶、太监平日相助为虐者，多发遣黔粤烟瘴地方，故于经过之处，布散流言，而逆贼曾静等又素怀不臣之心，一经传闻，遂借以为蛊惑人心之具耳"。至此，雍正找出谋父篡位言论的制造者和传播者，算是挖到了根源。

　　经过案情的审查和思想方面的辟谣，雍正遂作结案的处理。七年（1729年）九月，下令将这个案子的相关上谕编辑在一起，并附上曾静的口供和忏悔的《归仁录》，辑成《大义觉迷录》一书，加以刊刻，颁于各府州县学，使全国读书士子观览知悉。如果不知此书，一经发现，就将该省学政、该州县教官从重治罪。曾静口供和《归仁录》，说雍正至孝纯仁，受位于康熙，兼得传子、传贤二意，又说雍正朝乾夕惕、惩贪婪、减浮粮、勤政爱民，所以《大义觉迷录》是为雍正澄清谣言、自我标榜的宣传品。

　　同年十月，雍正下令将曾静、张熙免罪释放，让杭奕禄带领曾静到江南江宁、苏州、浙江杭州等地宣讲《大义觉迷录》，然后回湖南，到观风整俗使衙门听用。张熙由尚书史贻直带往陕西，在各地宣讲完毕，送回原籍，在家候旨，以便随传随到。他们现身说法的宣传作用，是任何人所不能起到的。

对吕留良一干人犯的处理则严酷得多。雍正命将吕留良及其子、已故进士吕葆中、学生严鸿逵戮尸枭示，徒孙沈在宽斩立决，吕氏、严氏其他子孙、门人、刻书人以及藏书人，亦处以斩监候、流放等罪。

（丙）雍正嗣位和雍正初年政治斗争的总结

在审查曾静的过程中，雍正在宠臣田文镜的奏折上批道："遇此种怪物，不得不有一番出奇料理，倾耳以听可也。"经过他的精心安排，由曾静牵连到的早已故世的文人吕留良，结案处理却比前者重得多，确实够出奇的了。

曾静本以批评雍正失德，作为反对满人统治的武器，有着明确的政治目标。如何处理，办法是多种多样的，可以抓他的造反问题，或反满问题，可以不扩大线索，可以秘密进行，也可以公开审理，这就要看雍正的具体需要了。前已说明，雍正在政治上的大获成功，同他在舆论上的不利地位形成鲜明的反差，在一定程度上影响他的政治权威，影响皇权的进一步巩固，他需要在思想舆论领域再打一仗，以巩固和扩大他在政治上的胜利。而在雍正五年以前，初政繁忙，还来不及做这件事。这下曾静跳出来了，触及的恰是他政权的合法性问题，正是思想、舆论界对他重点攻击的地方，他一下子就敏感地抓住了要害，遂借曾静出的题目，凭恃帝王的权威，在思想领域向政敌开火。借以表明他得位的正当、政治措施的正确、政敌的错误，进而说明反对他的舆论根源在于对手的恶意中伤，希望改变人们对他嗣位与初政的看法。由此可以看到，曾静本身的反满思想与雍正一手操作弄出来的曾静案性质完全不一样。这个案子是雍正在思想战线上的反击，被他拿来宣传自己、洗白谣言。这个案子是雍正嗣位和初年政治斗争的延续和总结，它的出现是雍正朝政治斗争的必然结果。

储位之争与对康熙、雍正的评价

长期以来，康熙以仁慈、有为君主的形象树立在人们心目中，似乎是个无可非议的完人，而雍正被扣上谋父逼母的罪名，这种事关传统伦常的人生大节，如有违犯，连做人的资格都不配，还有什么其他是非可言。其实，在储位之争中，康熙和他的儿子们虽是一家人，但尔虞我诈、明争暗斗、杀气腾腾，什么骨肉之情、君臣大义，全都置之脑后，充分暴露了专制社会纲常伦理的虚伪性，因此就不应当以父为子纲、君为臣纲作为标准衡量道德，判断人们的是非，也就是说不能用传统伦理来评论康熙朝储位之争，简单地肯定或否定某一个人。如果说有问题的话，从康熙起，到废太子，以及参与党争的每个皇子自身都有问题，把责任都推到一个人身上就显然不公平。康熙没对皇太子稳妥处置，"一废太子"多少失于轻率，以至废立相循，终于没有善策；痛恨允禩结党虽在情理之中，一度不顾其死活，未免有点儿刻薄寡恩；他看不起汉高祖、唐太宗在立太子方面的无能，其实他也没有高明到哪去，唐太宗立高宗李治，至少没有发生皇室相

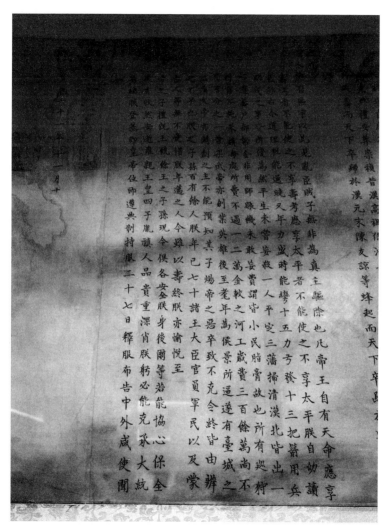

康熙帝传位诏书

残的事。允礽暴戾不仁，咎由自取；允禵、允禩不择手段争夺储
位，是野心家；雍正杀害兄弟、囚禁手足，虽有政治斗争的现实
需要，然亦反映其残忍成性，难逃残暴不仁之咎。允祉、允禟、
允䄉也都觊觎储位，手脚也不干净，不必因为他们是失败者而给
予同情。还需指出一点，在结党谋位的情况下，嗣君无论是康熙
指定的，还是自立的，抑或是篡夺的，新皇帝的上位必然离不开
玩弄权术，都不高尚。

　　说了具有方法论意思的一番话后，回到储位之争与康熙、雍
正评价的正题上来。孟森说太子事件，是康熙的"圣明之累"，
评论中肯。康熙是个了不起的帝王，在位六十一年，平定三藩、
收复台湾、扫清漠北、稳定西藏、修治黄河、实行滋生人丁永不
加赋的社会政策，巩固与发展清朝统治，促进社会经济的恢复发
展，促进我国统一多民族国家的兴盛，有功于民族、国家。从这
个意义上说，他是康乾盛世的奠基人，用传统的话说他是"盛世
明君"。康熙的缺陷主要有二，一是如同孟森所讲的，没有处理
好皇储问题，造成了政治混乱，也使他自己身心俱疲、威信下
降；二是与第一点相联系，晚年怠政，对败坏的吏治睁一眼闭一
眼，对准噶尔本部只能采取守势。康熙不能保持励精图治的精神
状态，实由于储位问题把他搞得精疲力尽，以病体之躯难以进取
了。储位问题一定程度上损害了康熙的明君形象。

　　储位之争，给雍正日后的思想造成深刻的影响，主要体现在
两个方面：一个是给了他丰富的政治斗争经验，以便治国理政；
另一个是为显示继位的正当，急于有所表现，急于求治。正是在

这两种意念支配之下，他提出严猛施政的方针，兴利除弊，实行多方面的政治经济改革，解决或试图解决前朝遗留下的弊政，在一定程度上调节、缓和了社会矛盾，从而造成那个时代的政治相对比较清明，促进国力的强盛和国家政局的稳定，促进多民族国家的巩固，进一步发展了康熙朝政治中的正面成分，并为乾隆时的鼎盛创造了充分的条件，促成清代社会的持续发展。所以雍正本人是个有作为的、对中国历史发展做出重大贡献的君主，而雍正朝上承康熙余韵、下启乾隆之治，使康雍乾三朝持续发展，成为清朝的鼎盛时期。值得一提的是，雍正立志清除历史上遗留下来的数百年积弊，所实行的摊丁入亩政策，成功解决中国古代历史上的人口税问题，是巨大创举。所实行的耗羡归公和养廉银政策，具有现代财政预算、财政管理的意义。在古代历史上，唐朝刘晏实行两税法，明朝张居正推行一条鞭法，很得人们的赞誉，雍正的经济政策，比之他们有过之无不及。雍正改革具有一定的近代色彩，即有古代向近代过渡的初始因素，如摊丁入亩制度，取消了部分百姓的人口税，依然缴纳人口税的百姓，也是以财产税的名义缴纳的，取消人口税属于平等、自由、民主的理念，是近代社会才能实现的；再如赦免贱民，史学家庄吉发在《雍正事典》中认为是"尊重人权、深得人心的一项重要社会政策"；养廉银制度实行，诚如近代明清史研究开创者孟森在《清史讲义》所说，具有近代政府财政预算成分。统观雍正的历史地位，当之无愧是古代历史上的杰出帝王。

储位之争使雍正学习到很多东西，锻炼了治理朝政的能力；

也有负面作用，如大搞反朋党运动，涉及面广、伤害人多、累及无辜。贝勒延信在西藏立有军功，被牵连到允禵案、年羹尧案中，竟被圈禁致死。下令处罚陈梦雷，刑部尚书陶赖、张廷枢执行稍慢，即被降职。这使当时人产生一种恐怖感，使雍正的政治形象很不好。又如雍正自视洞悉下情，而轻率妄动，也犯了不少错误。诚如雍正自诩，他有四十年的阅历，但下情岂能悉知！太过自信就容易吃亏，对有些事情调查研究不够，做出的决策就不合实际。例如下令推广官话，要是广东、福建士子在期限内不能掌握，就取消科举考试资格，改变语言谈何容易，届期闽粤士人仍不会说官话，又不能真的不许他们考试；实行铜禁，不许民间用铜制器皿，现有的要当成破铜卖给政府，实际上并没能收上多少铜，制钱原料依然不足。这些政策之所以失败，原因就是雍正对实际情况了解得不够，把事情看得太简单，加上他又有急躁病，恨不得什么都马上改革，结果轻举妄动犯了一些错误，导致政治上出现某些领域的乱局，臣民无辜受害。

嗣位疑案的研究方法

雍正嗣位疑案作为一个历史问题，应当怎样研究呢？根据个人的经验，提出一些设想，与同好及读者商量。

（甲）以求真态度，探讨雍正嗣位谜底

研究雍正嗣位之谜主要有两个问题，与研究方法有密切关系。一是预设立场的指导思想，篡位说产生早、流传广，认同的史学名家多，这就容易给后来的研究者形成框框，出现先入为主的毛病，影响人们独立思考。有的论文，读后令人感觉作者是先设定好结论然后找资料去作验证，结果是材料与论点不能结合，联系很勉强，连史料都没真正搞清楚，就用来证明自己的观点。

如有研究者以为雍正生母是皇后，雍正出身尊贵，得到康熙宠爱，被选为皇储。其实事情很简单，雍正生母德妃终康熙之世为贵妃，皇后之尊是母以子贵，是雍正继位后才得到的。又如把田文镜、鄂尔泰甚至还有李卫等雍正朝模范督抚，统统说成是雍正藩邸旧人，以此说明雍正早就在结党，已经做好了篡位的准备，其实这些人都不是雍正藩邸出身。再如，以爱屋及乌的心情，因尊崇曹雪芹，对其先人亦予肯定，就以篡位说来解释曹家的被抄，而不察其长期亏空出事的缘由。"大胆假设，小心求证"的方法论是可以的，但求证不能粗心，否则就脱离历史实际，难以解开疑案之谜。

另一个问题，则是要把握好雍正继位与全面评价雍正如何区别联系的尺度。雍正继位与即位后的政治既有联系，又有区别。可是如果持篡位说认为后来的政策都是为了掩盖篡位真相，并用这些政策作为篡位的证据，这就使它成为纯粹的方法论。这个观点我认为不可取，不能这样反证。因为它的前提不能成立，篡位需要确切史实才能证明，先预设立场认为篡位说成立，与此有关的东西都被定为篡位事实，这种"先射箭再画靶子"的研究，怎么能科学地认识事情真相！

只有抱着求真的态度，不带框框，不搞先入为主，避免主观性和片面性，实事求是、爬梳史料，作出合理解释，这样才有可能揭开雍正嗣位之谜。

（乙）发掘史料，扩大研究范围

对雍正继位的研究，令我产生了这个想法。早期人们将注意力集中在皇位交接之际时期和康熙、雍正、隆科多三者关系的狭窄范围内，对允禵的研究扩大了研讨范围，把雍正继位放到整个康熙朝储位之争范围内来研究，进一步开拓了时空领域。研究者开始注意一些与雍正即位有侧面关系的事情：如马齐的人生经历，他原是允禩支持者，何以雍正即位依然重用他，而且保持始终，是否像有的研究者所说他在康熙末年倒向胤禛，抑或雍正自立后他又见风使舵，这个康熙朝首辅大学士的动向与雍正继位的关系需要辨析明了。满洲继承制度的特点是什么，它在皇室具体表现如何，它与雍正即位有何关系，整个过程中外戚起了什么作用，这就涉及隆科多能不能成为唯一的顾命大臣的问题，孟森的解释和我的理解，都还需要从满洲继承制方面来深入考虑。"一废太子"之际，康熙为什么将皇子囚禁、捆绑，研究者还说不清楚。雍正为什么极力否认他在康熙时结党，为什么要公布《大义觉迷录》，现在的研究似乎还不尽如人意。这类不甚了了的事情，就是我想扩大研究范围的原因。

关于雍正嗣位史料的发掘，也经历了一个逐步拓展的过程，最初是几部常见的官方史书，如《清圣祖实录》《大义觉迷录》，以及朝鲜的资料，如《李朝实录》；后来陆续发现储位斗争失败者方面的文献材料，如《抚远大将军奏议》《皇朝通志纲要》；再后，档案材料被着力发掘，如康熙遗诏、年羹尧奏折，宫中档案文书，这里要特别指明的是杨珍发现相关的满文档案文书，并运用到研究中，贡献很大。如今中国第一历史档案馆将康熙朝、雍正朝满文朱批奏折整理、翻译成汉文出版，为研究者提供方便，功莫大焉。是否还有可能发现新史料呢？我想是肯定的，还有众多清人笔记、文集值得挖掘。萧奭《永宪录》、陈康祺《郎潜纪闻》、钱陈群《香树斋全集》、袁枚《小仓山房文集》，都有关于雍正朝的不少史料，萧奭、袁枚对雍正抱持不以为意的态度，特别是萧氏的著作常常是篡位说的资料来源；钱陈群、陈康祺则对雍正高度评价，陈氏认为雍正继位正当，他说："敬考康熙年间，圣祖升退以前，诸皇子唯世宗已封雍亲王，允祉已封诚亲王，允祐已封淳亲王，余皆贝勒、贝子，且有未受封者。而巡方驻跸之随扈，烟祀巨典之代行，及军国大计从容咨决，唯我世宗之独多，即六十一年南郊大祀，亦以世宗恭代，距圣祖宾天仅先五日耳。"这一类的文集、笔记远没有被史家所遍览，文集尤其如此，说不定其中就有储位之争的资料。西方传教士的文献，我们现在利用得还很不够，白晋、马国贤的资料学术界已经注意到了，其他的资料还很多，只是我们还不知道。康熙得立的原因，最关键的材料是在有关汤若望的传记中，因此我更认为有发掘传教士文献资料的必要。历史疑案，没有新资料的发现就很难取得突破，疑案终究是个谜。解释分析要进行，而发掘史料尤宜倾注力量。

附录一　台湾版序

　　我在去年写的《补白》①中说，激发我继续写作有关雍正史文章的因素是文艺作品。高阳的《乾隆韵事》、端木蕻良的《曹雪芹》，三十一集电视连续剧《雍正皇帝》，电影《曹雪芹》，京剧《三探圆明园》，都是近十几年问世的，早期的《吕四娘演义》《血滴子》《满清十三朝宫闱秘史·雍正朝》等书，都有关于雍正的内容，表明小说、戏剧、电影、电视都对雍正有兴趣。在这些作品里，雍正是私生子，无赖，篡夺皇位，屠杀兄弟和功臣，夺他人之子，被人刺杀，一句话，是再坏不过的暴君。史学家眼里的雍正形象也各不相同，比如继位问题，如同本书所说，就有三种看法，对于雍正政治改革，史家大多是肯定的，也就是说史家并不一味诅咒雍正，显然，文史两界对雍正的看法大不相同：文学家把他当作箭靶子大张挞伐，史学家对他则有所分析。

---

① 《补白》，写于1990年9月19日，主要内容是对学者1990年新的研究成果的回应，现在已经把它融入正文，故予取消，以免令小书结构庞杂，内容重复。

作为史学工作者，又是称道雍正的我，对丑化雍正形象的文艺作品，心中总有一点不平，进而思索：人们何以喜好或者说容忍歪曲历史事实的文艺作品？文艺如何表现历史题材？史家对此应抱何种态度？

对雍正看法的文史分野，观众的欣赏情趣，不过是一个例子，在探讨上述问题时，似乎以避开它为好，好让视野放得广阔一些，或许更容易看清事情真相。

人类对于自身的历史，有天然的感情，有强烈的探知欲，对古人古事，有赞赏，有愤慨，有扼腕，从中能得到精神的满足和人生道路的鉴戒、智慧的获取。

人们的历史知识从哪里获得呢？历史学本应承担主要的任务，但是古代史学，只面向社会上层和统治者，提供治理的经验教训，起"资鉴"作用，成为帝王之学，使其本身进入高贵学问的行列。对于读书人以外的民众，对不起，史学不承担传播的责任。可喜的是文学艺术担当起来了，大约表演艺术又是走在前头的。北宋说书艺人中出现讲史的专门家，如孙宽、孙十五、曾无常、高恕、李孝祥，而霍四究的讲三国故事，尹常卖的演说五代故事尤为著名。在唐代，佛教徒演讲佛家故事，也是讲史的一种。说唱艺人的演出内容逐渐形成文字，就是"话本"，宋元时期出现《大唐三藏取经诗话》《新编五代史平话》《宣和遗事》等话本小说，在此基础上，到明清时期，历史小说有了重大发展。《三国演义》的问世，对历史知识的传播起了重大的作用，清朝皇帝发迹时，从该书汲取了大量的有益知识，民间更是流传广泛，对关公的崇祀遍及穷乡僻壤，华侨在外国也广建关公庙宇，从《三国演义》中获得智慧的启示，借以保存中国文化，在侨居国扎根发芽。

这些简单事实表明，文学艺术对于传播历史知识起了重大的作用，功不可泯，历史学应当感谢它。不必认为它的虚构成分，制造了历史的混乱。换句话说，古代历史学不面向广大民众，使这个领域被文学艺术占领了，也只好怪自家退出领域，迁怒不到他人！古代史学高贵，小说戏剧不能登入大雅之堂。近代小说戏剧地位显著上升，史学工作者亦意识到面向民众的必要，但是认识的提高有个过程，时至今日，对历史知识的普及读物，对给大众读者阅读的历史著作，在看法上也还有偏颇的地方，冷淡、轻视的态度，还不同程度地存在着。名家不屑于写这方面的著作，社会上和学术界也难得给这类作品获得荣誉的机会，这种情况需要改变，而且越快越好。史学家需要进一步树立面向民众、面向广大读者的治史态度，立志给大众有益的历史知识，与反映历史题材的文艺作品齐头并进，与文艺工作者合作，做好历史知识的传播。面向民众，史学在与民众结合中发展自我，而不必有阵地被他人侵占的愤恨不平的感情，及受民众冷落的委屈情绪。我正是抱着传播历史知识的愿望，写出这个"继位之谜"，在此以前接受北京中华书局的建议，写作《封建社会的一面镜子——〈红楼梦〉》《曹雪芹和〈红楼梦〉》，后又受中国青年出版社之邀请，撰著面向青少年读者的《砥砺篇》（《中华文化撷萃丛书》之一种）。我之乐此不疲，盖基于历史学要民众化的认识。

要之，民众需要历史知识，文艺家以民众喜闻乐见的形式提供历史剧、历史题材的电影、电视剧和历史小说，自然会受到欢迎，即使其内容上歪曲事实，艺术上不成熟，见识上也谈不到有高明的地方，但它多少也能满足民众渴望历史知识的愿望，也能被民众接受或勉强接受，这就是那些不高明的甚至很不像样的历史影视剧能够上演的原因。现在的问题是史学家要多给民众提供历史读物，要考虑各种类型读者的需求，而不要自鸣高尚、自画圈圈，把历史著作变成史家同行自我欣赏的东西，脱离大众。

当今史家对历史题材文艺作品中的离奇虚构的恼怒，也不能说没有一点道理。文艺创作允许虚构，这是常识问题，史家岂有不知，怎不拥护？《三国演义》有那么多的虚构成分，史家在史实上对它挑剔的就很少，这是因为它创作得好。而史家对某些文艺作品说三道四，恐怕就在于它太背离史实。试想，有些号称历史题材的文艺作品，人物的思维方式是现代的，生活方式不古不今，除了主人公的名字、事件名称是古代实有的，再没有多少古代的味道了，怎么称得上历史题材呢！为什么会出现这种现象呢？我以为有两个原因，一是如何创作历史题材的文艺作品的理论问题尚未很好解决。60年代学术界探讨过新编历史剧的写作问题，时至今日还在进行争论，这里的问题很多：如何达到历史真实与艺术真实的统一、历史感与当代意识的统一。我对这些理论没有研究，不能发表意见。二是历史题材的文艺作品创作者缺少历史知识，这是就个人感觉而言的。我认为当前一些创作历史题材作品文艺家需交点史学界的朋友，多阅读些历史文献，增加历史知识，丰富了学识，再去动笔，庶几，侯宝林相声中的关公战秦琼式的历史常识笑话才能避免。没有必备的历史知识，哪里还谈得到历史真实与艺术真实统一的问题。

话说回来，关于雍正的文艺作品，我觉得小说方面写得比表演艺术方面好，高阳对康雍两朝的故事、制度、人物知识，掌握得很多，有的方面了解得相当细致；端木蕻良对曹家及其姻亲平郡王家与雍正乾隆关系史，作了大量的历史资料调查，所以二位写的颇多成功之处。影剧的摄制显得匆忙一些，又太注意猎奇，难免有疵议，特别是电视剧。但是文艺方面有一个共同点，受关于雍正的传说和史学中的篡位说影响较大，未能跟上史学研究的发展，不去考虑合法继承说，未免给人陈旧、老套之感。当然，篡位说富有刺激性、趣味性，易于吸引观众，艺术家们难以舍弃，也是人之常情，但是富有创造性的艺术家，不妨试一试合法说，也许能给人耳目一新之感。

现在来说本书初版中的一件憾事，就是我原来作有三个附录，即（一）雍正嗣位史主要原始史料书目，（二）雍正嗣位史部分著作目录，（三）雍正嗣位史部分论文索引，未能刊登出来。我做这些索引的原因，是考虑到解剖历史之谜，应当有大量的资料考证，需要旁征博引，但本书基于通俗易懂的要求，就不应当用烦琐的考证给读者增添阅读的麻烦，因此尽量少引历史资料的原文和各家研究的文字，所引的也不注释出处，以省篇幅。因此要提供上述三个索引，以便读者了解疑案问题的原始资料文献和研究概貌，以弥补不引史料和不注释各种论点出处的缺陷。缺了那些附录，我总觉得欠着读者一些东西，乘此版付梓之际，把上述三种附录补充进来，心里也就坦然了。

1991年6月28日

附录二　雍正嗣位史主要原始史料书目

官修《清圣祖实录》，中华书局1985年。

官修《清世宗实录》，中华书局1985年。

官修《康熙起居注》，中国第一历史档案馆整理，中华书局1984年。

官修《雍正朝起居注册》，中国第一历史档案馆整理，中华书局1993年。

《康熙朝汉文朱批奏折汇编》，中国第一历史档案馆整理，档案出版社1984—1985年。

《康熙朝满文朱批奏折全译》，中国第一历史档案馆整理，中国社会科学出版社1996年。

《雍正朝汉文朱批奏折汇编》，中国第一历史档案馆整理，江苏古籍出版社1989—1991年。

《雍正朝满文朱批奏折全译》，中国第一历史档案馆整理，黄山书社1998年。

《雍正朝汉文谕旨汇编》，中国第一历史档案馆整理，广西师范大学出版社1999年。

《大义觉迷录》，雍正，收入《清史资料》第四辑，中华书局1983年。

萧奭：《永宪录》，中华书局1959年。

允禵：《抚远大将军奏议》，收入《清史资料》第三辑，中华书局1982年。

弘旺：《皇朝通志纲要》，抄本，北京图书馆收藏。

雍正：《上谕内阁》，栱北楼书局藏版印本。

雍正：《朱批谕旨》，光绪十三年上海点石斋缩印本。

朝鲜《李朝实录·肃宗·景宗·英宗实录》，学习院东洋文化研究所1964—1965年。

马国贤：《清廷十三年——马国贤在华回忆录》，李天纲译，上海古籍出版社2004年。

《清史列传》，王锺翰点校本，中华书局1987年。

《掌故丛编》，故宫文献馆。

附录三　雍正嗣位史部分著作目录

稻叶君山：《清朝全史》，但焘译，上海社会科学出版社
2006年。

黄培：《雍正时代的独裁政治》，美国印第安纳大学出版社
1975年。

吴秀良：《通往权力之路——康熙和他的继承人》，1979
年美国英文版；张震久、吴伯娅译，取名《康熙朝储位斗争记
实》，中国社会科学出版社1988年。

杨启樵：《雍正帝及其密折制度研究》，香港三联书店
1981年。

庄吉发：《清世宗与赋役制度的改革》，台北学生书局
1985年。

冯尔康：《雍正传》，人民出版社1985年。

冯尔康：《雍正继位之谜》，中国人民大学出版社1990年。

杨珍：《康熙皇帝一家》，学苑出版社1994年。

李国荣、张书才：《实说雍正》，紫禁城出版社1999年。

杨启樵：《揭开雍正皇帝隐秘的面纱》，香港商务印书馆2000年。

杨珍：《清朝皇位继承制度》，学苑出版社2001年。

史景迁（Jonathan D.Spence）：《中国皇帝：康熙自画像》，吴根友译，上海远东出版社2001年。

冯尔康、杜家骥、阎爱民：《清朝通史·雍正朝》，紫禁城出版社2003年。

陈捷先：《雍正写真》，远流出版公司2003年。

庄吉发：《雍正事典》，远流出版公司2005年。

王锺翰：《王锺翰清史论集》，中华书局2005年。

史景迁（Jonathan D.Spence）：《皇帝与秀才：皇权游戏中的人文悲剧》，邱辛晔译，上海远东出版社2005年。

金恒源：《正本清源说雍正》，浙江人民出版社2005年。

庄吉发：《雍正事典》，台北远流出版社2005年。

冯尔康：《雍正继位新探》，天津人民出版社2008年。

冯尔康：《雍正帝及其时代》（《冯尔康文集》之一），天津人民出版社2019年。

附录四　雍正嗣位史部分论文索引

孟森：《清世宗入承大统考实》，收入《清初三大疑考实》，北京大学1935年；《明清史论著集刊》，中华书局1959年。

吴玉年：《抚远大将军奏议跋》，《禹贡》六卷十二期，1937年2月。

王锺翰：《清世宗夺嫡考实》，《燕京学报》三十六期，1949年6月，另收入《清史杂考》人民出版社1957年。

文白：《雍正之得位》，《公论报》1949年12月7日。

王锺翰：《胤禛西征纪实》，《燕京学报》三十八期，1950年6月，另收入《清史杂考》。

黄培：《清世宗与年羹尧之关系》（上、下），《大陆杂志》十六卷四、五期，1958年2月、3月。

庄吉发：《清世宗拘禁十四阿哥允禵始末》，《大陆杂志》四十九卷二期，1974年8月。

陈捷先：《清世宗继统与年羹尧之关系》，《成功大学学报》人文篇十号，1975年5月。

黄培：《清代雍正时期的皇位继承》，《食货月刊》复刊五卷九期，1975年12月。

林立之：《雍正皇帝继位与治术》，《新万象》一期，1976年3月。

黄培：《雍正史上的问题——兼论研究态度、研究方法和书评》，《食货月刊》复刊六卷一、二合期，1976年4月。

金承艺：《从胤禵问题看清世宗夺位》，《近代史研究所集刊》五期，1976年6月。

金承艺：《胤禛：一个帝梦成空的皇子》，《近代史研究所集刊》六期，1977年6月。

金承艺：《胤禛，非清世宗本来名讳的探讨》，《近代史研究所集刊》八期，1979年10月。

黄培：《史料、史学和雍正帝的即位疑案》，收入《陶希圣先生秩荣庆论文集》，1980年。

纪刚：《康熙想立的就是雍正》，《北京晚报》1980年6月21日。

纪刚：《关于康熙传位的答复》，《北京晚报》1980年7月30日。

金承艺：《关于清世宗皇三子弘时——看一代帝王家庭的悲剧》，台北《故宫季刊》十五卷二期，1980年冬。

冯尔康：《康熙朝的储位之争和胤禛的胜利》，《故宫博物院院刊》1981年3期。

冯尔康：《康熙十四子胤禵改名考释》，《历史档案》1981年第4期。

冯尔康：《清世宗本叫胤禛，并未盗名》，《南开学报》1982

年第1期。

顾真：《清世宗不叫胤祯，叫胤禛》，《故宫博物院院刊》1982年第1期。

许曾重：《清世宗胤禛继承皇位问题新探》，《清史论丛》第四辑，中华书局，1982年12月。

冯尔康：《曾静投书案与吕留良文字狱述论》，《南开学报》1982年第5期。

阎学仁：《雍正并非篡位——雍正继位考辨》，《河北大学学报》1983年第2期。

薛瑞禄：《溥杰关于雍正杀弟的口碑资料》，《清史研究通讯》1983年第2期。

李宪庆、白新良：《康、雍之际继嗣制度的演变》，《社会科学辑刊》1983年第3期。

黄进德：《“新愁旧恨知多少”？——再论曹雪芹家被抄原因》，《红楼梦学刊》1983年第2期。

庄吉发：《清世宗入承大统与皇十四子更名考释》，《大陆杂志》六十七卷六期，1983年12月。

杨珍：《雍正继承皇位问题讨论综述》，《清史研究通讯》，1984年第1期。

葆耿：《雍正是怎样嗣位的》，《文汇报》1984年11月2日。

杨珍：《关于康熙朝储位之争及雍正继位的几个问题》，《清史论丛》第六辑，1985年6月。

史松：《康熙朝皇位继承斗争和雍正继位》，《清史研究集》

第四辑，1968年6月。

　　王锺翰：《清圣祖遗诏考辨》，《社会科学辑刊》1987年第1期。

　　钱宗范：《雍正传位乾隆原因浅议》，《清史研究通讯》1987年第3期。

　　杨启樵：《"雍正篡位"再论》，《史林》七十卷六号，1987年11月。

　　许尚安：《关于曹家衰败的真实原因管见——与黄进德同志商榷》，《红楼梦学刊》1987年第3期。

　　黄十庆：《雍正嗣位之谜》，《人民日报》（海外版）1988年5月2日。

　　张书才：《年羹尧生年考实》，《历史档案》1989年第1期。

　　杨珍：《满文档案中所见允禵皇位继承人地位和新证据》，《中国史研究》1990年第3期。

　　杜家骥：《雍正帝继位前的封旗及相关问题考析》，《中国史研究》1990年第4期。

　　杨珍：《康熙晚年的秘密建储计划》，《故宫博物院院刊》1991年第1期。

　　陈熙远：《皇帝的最后一道命令——清代遗诏制作、皇权继承与历史书写》，台湾大学《历史学报》第33期，2004年6月。

　　金恒源：《雍正帝篡位说新证》，《史林》2004年第3期。

　　周文翰：《康熙遗诏"昭雪"雍正之冤？》，《新京报》2004年11月10日。

《"康熙传位遗诏是假造的"》，《新民晚报》2005年1月20日。

张英：《揭秘：清代康熙皇帝遗诏是真是假》，《南方周末》2005年3月18日。

韦庆远：《试论雍正》，收入《明清史续析》，广东人民出版社2006年。

王俊义：《雍正与禅宗》，出席中国文化与登封少林寺于2009年4月下旬举办的研讨会论文。

台北故宫博物院于2009年10月6日开始举办"雍正——清世宗文物大展"，包含两部分：雍正皇帝的一生，雍正朝的文化与艺术；并编写《"雍正——清世宗文物大展"导览手册》，由周功鑫作《序》。

北京故宫博物院与台北故宫博物院联合在台北举办"为君难：雍正及其人其事及其年代研讨会"，2009年11月4日至6日，与会者提交27篇论文，有：黄培《雍正帝与清史》，赖慧敏《雍正帝与北京藏传佛教》，聂崇正《雍正十三年间的郎世宁》，稽若昕《雍正皇帝的艺术品味》，杨丹霞《雍正帝书法管窥》，冯尔康《从历史长河看雍正帝历史地位》，陈捷先、林杼、吴疆等论文。

邱瑞中：《朝鲜保存〈康熙帝遗诏〉研究》，内蒙古师范大学学报（哲学社会科学版），2019年第4期。

故宫博物院藏"雍正帝御笔春条欣赏"·书法欣赏，2023年1月21日贴文。

附录五　有关雍正的部分文艺作品目录

燕北老人：《满清十三朝宫闱秘史》，上海益新书社，1935年。

周汝昌：《红楼梦新证》，人民文学出版社1976年。

周汝昌：《曹雪芹新传》，外文出版社1992年。

李希凡：《曹雪芹和他的红楼梦》，北京人民出版社1973年。

端木蕻良：《曹雪芹》上卷、中卷，北京出版社1980年，1985年。

张大春：《雍正的第一滴血》，台北宝文堂书店1988年。

高阳：《乾隆韵事》，中国友谊出版社1985年。

丁燕石：《1722.12.20：这一夜，雍正夺嫡》，台湾版2001年，浙江人民出版社2003年。

二月河：《雍正皇帝》，长江文艺出版社2001年。

吕阜生等：《雍正传奇》，百花文艺出版社1988年。

霍国玲等：《红楼解梦》，中国文学出版社1997年，北京燕山出版社1989年，新世界出版社2002年、2003年，东方出版社2006年。

霍国玲、紫军：《红楼梦圆明园隐秘》，中国工商出版社1997年。

刘心武：《红楼解梦：画梁春尽落香尘》，中国广播电视出版社2005年。

炼狱之源：《雍正其人》，新浪网·人文沙龙，2006年8月。

悠悠晴天：《四爷党》，晋江原创网，清代小说，2006年。

三十一集电视连续剧《雍正皇帝》。

刘和平编剧、胡玫导演44集电视连续剧《雍正王朝》1999年。

后记

　　我在去年中华书局梓行的拙作《雍正传·自序（一）》中说明对近十年来学术界雍正史研究新观点不作回应的原因，那就是不令我改变见解的意见就搁置不论，现在依然是这一态度。雍正继位论题歧见多，在学术讨论中必须辨析不同意见，倘若自说自话，我想其说难于成为定论，不如就不去辩难了。

　　去年新作《中国宗族通史·清代卷》《中国宗族通史·近现代卷》（常建华教授主编，近现代卷与惠清楼女史合作，人民出版社）、《雍正传》《清史史料学》（中华书局）增订版问世，今年《中国社会史概论》（第二版）（高等教育出版社）、与常建华教授合著的《清人社会生活》（天津人民出版社）业已与读者见面。我从来也没有梦想著述一时迭出，当此之际，喜不自胜，非沾沾自喜，为朽翁增添生活活力也！或许尚可握管也！

　　这个小册子的重新面世，端赖于宋玉成先生的垂青。我因在客旅中，修订不方便，宋先生热情地将拙作制出 Word 文档，据此我将要修改的文字写出，请文友、南开大学研究馆员惠清楼女史汇入文档。在此衷心感谢宋先生、惠女史。

冯尔康

2024 年 6 月 7 日